高等学校

教科と探究の
新しい学習評価

観点別評価と
パフォーマンス評価実践事例集

西岡加名恵 編著

はじめに

　2018年改訂高等学校学習指導要領では、①「知識及び技能」、②「思考力、判断力、表現力等」、③「学びに向かう力、人間性等」という3つの柱で捉えられる「資質・能力」の育成が目指されることとなった。また、生徒たちを「生涯にわたって探究を深める未来の創り手として送り出していく」ために、「総合的な学習の時間」が「総合的な探究の学習」に変更される、「理数探究基礎」と「理数探究」、「古典探究」、「地理探究」「日本史探究」「世界史探究」が新設されるなど、「探究」を重視する方針が打ち出されている。さらに、文部科学省「小学校、中学校、高等学校及び特別支援学校等における児童生徒の学習評価及び指導要録の改善等について（通知）」（2019年3月）において、高等学校でも「観点別学習状況の評価」を「目標に準拠した評価」として実施することが明確にされた。

　そうした状況の中、昨今、高等学校の先生方から筆者には、学習評価に関して主として次の2つの質問が寄せられている。「観点別学習状況の評価をどうすればよいのか？」、ならびに「『総合的な探究の時間』のような探究的な学習をどう評価すればいいのか？」である。本書では、現場の先生方が直面されているこのような2つ課題に対応するために、パフォーマンス評価を開発・活用することを提案したい。パフォーマンス評価とは、知識やスキルをリアルな状況において使いこなすことを求めるような評価方法の総称である。具体的にはレポートやプレゼンテーションといったパフォーマンス課題や、指導と学習に関する資料を蓄積していくポートフォリオ評価法などが含まれる。また、パフォーマンス評価においては、ルーブリックという評価基準表が用いられることが多い。パフォーマンス評価やポートフォリオの活用は、中央教育審議会「幼稚園、小学校、中学校、高等学校及び特別支援学校の学習指導要領等の改善及び必要な方策等について（答申）」（2016年12月）においても「資質・能力」のバランスのとれた学習評価を行っていくために推奨されているものである。

　第1部では、パフォーマンス評価に関する基本的な用語を解説するとともに、実践づくりを進める上でのポイントを紹介している。第1章では、2018年改訂学習指導要領の目標観を確認するとともに、教科教育や「探究的な学習」におい

てパフォーマンス評価がどう活用できるかを提案している。また第2章ではルーブリック、第3章ではポートフォリオ評価法や一枚ポートフォリオ評価について、基本的な考え方や活用方法を解説している。

第2部では、高等学校においてパフォーマンス評価を実践されている先生方に、ご自身の実践についてご報告いただいている。多彩な教科で実践されているパフォーマンス課題や、「探究的な学習」でのポートフォリオの活用などが、説明されている。

高等学校の先生方と話していると、「評価といえば成績づけだ」と思われている例が少なくない。「目標に準拠した評価」が導入されたのは2001年改訂指導要録においてであったが、高等学校では、まだ実質的には相対評価（「集団に準拠した評価」）が行われていると耳にすることすらある。

しかし、本書で紹介する理論や実践を踏まえれば、「目標に準拠した評価」とは単なる「成績づけ」の作業ではなく、目指すべき目標を問い直し、目標達成のために指導を行い、その経緯や結果について実態を把握すること、さらに、それらの実態を踏まえて教育を改善するというダイナミックな営みであることが理解していただけることだろう。本書で紹介するパフォーマンス評価の方法によって、高等学校における「目標に準拠した評価」が充実し、ひいては教育と学習の改善につながることを祈念している。

なお、本書で報告している研究については、日本学術振興会科学研究費補助金の基盤研究（B）（一般）「パフォーマンス評価を活かした教師の力量向上プログラムの開発」（課題番号25285210、2013〜2017年度、代表 西岡加名恵）、ならびに同・基盤研究（B）（一般）「パフォーマンス評価を活かしたカリキュラム・マネジメントの改善方略の開発」（課題番号 18H00976、2018〜2022年度、代表 西岡加名恵）の助成を受けた。また、本書の企画から刊行に至るまで、学事出版の二井豪氏に多大なご支援をいただいた。ここに記して感謝したい。

2020年10月

西岡 加名恵

contents

2018年改訂 学習指導要領と新たな学力評価

1 パフォーマンス評価の開発と活用
—— カリキュラムと指導の改善にどうつなげるか ——

京都大学大学院教育学研究科教授　西岡 加名恵

　2001年改訂指導要録において「目標に準拠した評価」が導入されて、早くも20年がたった。「目標に準拠した評価」とは、生徒たちに身に付けさせたい学力は何かを明確にしつつ目標を設定し、その目標に向けて指導に取り組んだうえで、どの程度、目標を達成できたかを捉えるものである。さらに、そのような実態把握を踏まえて、指導や学習の改善を図ることが目指される[1]。

　第1部では、高等学校において、「目標に準拠した評価」を実践するにはどうすればよいのかについて検討したい。特に、2018年改訂学習指導要領において目指されている「資質・能力」を育成するために、パフォーマンス評価をどのように活用できるのかを提案する。**1**では、2018年改訂学習指導要領で目指されている目標観を確認するとともに、パフォーマンス評価とは何かを解説する。**2**では、教科における観点別評価の進め方について説明する。**3**では「探究的な学習」における評価のポイントを提示したい。

1．「資質・能力」の育成とパフォーマンス評価

（1）「資質・能力」の３つの柱

　2019年の指導要録改訂にあたって、特に高等学校については、「観点別学習状況」欄の評価が導入されることが衆目を集めている。観点別評価については、単なる「成績づけ」の作業として捉えるのではなく、背後に目標観の転換があることに注目しておく必要がある。

　2017年・2018年の学習指導要領改訂にあたっては、グローバル化やICTの革新など急激な社会の変化を背景として、従来の学力の範疇にとどまらない「資質・能力」を育成するという方針が打ち出された。改訂の方針を示した中央教育審議会答申（以

下、「答申」と記す）においては、育成すべき「資質・能力」が次の３つの柱で捉えられている。すなわち、①「何を理解しているか、何ができるか（生きて働く「知識・技能」の習得）」、②「理解していること・できることをどう使うか（未知の状況にも対応できる「思考力・判断力・表現力等」の育成）」、③「どのように社会・世界と関わり、よりよい人生を送るか（学びを人生や社会に生かそうとする「学びに向かう力・人間性等」の涵養）」である(2)。つまり、ここでは、単に「知識・技能」を幅広く習得するだけではなく、それらを使って思考・判断したり表現したり、問題解決に取り組んだりすることが重視されている。観点別評価が導入されたのは、そのように多面的な「資質・能力」を保障するためだと言えよう。

さらに「答申」では、「資質・能力のバランスのとれた学習評価を行っていくためには、指導と評価の一体化を図る中で、論述やレポートの作成、発表、グループでの話合い、作品の制作等といった多様な活動に取り組ませるパフォーマンス評価などを取り入れ、ペーパーテストの結果にとどまらない、多面的・多角的な評価を行っていくことが必要である」(3)と述べられていた。では、パフォーマンス評価とは、どのようなものなのであろうか。

(2) パフォーマンス課題とポートフォリオ評価法

図1には、様々な学力評価の方法を整理している。パフォーマンス評価とは、知識やスキルを使いこなすことを求めるような評価方法の総称である。中でも、パフォーマンス課題は、様々な知識やスキルを総合して使いこなすことを求めるような複雑な課題を指す。たとえば、資料1に示したような学習活動で生み出された作品や実践の姿を評価する課題をイメージしていただくとわかりやすいだろう。「答申」に言うパフォーマンス評価としては、主要にはパフォーマンス課題が想定されていることがうかがわれる。

一方、ポートフォリオとは、生徒の作品や自己評価の記録、教師の指導と評価の記録などの資料を、ファイルや箱などに系統的に蓄積していくものである。また、ポートフォリオ評価法は、ポートフォリオ作りを通して、生徒が自らの学習のあり方について自己評価することを促すとともに、教師も生徒の学習活動と自らの教育活動を評価するアプローチを指す(4)。ポートフォリオ評価法もパフォーマンス評価の方法の一種であるが、ポートフォリオには、選択回答式テストの結果も収録されうるため、図1では、図全体を点線で囲む形でポートフォリオ評価法を示している。なお、「答

申」では、「総括的な評価のみならず、一人一人の学びの多様性に応じて、学習の過程における形成的な評価を行い、子供たちの資質・能力がどのように伸びているかを、例えば、日々の記録やポートフォリオなどを通じて、子供たち自身が把握できるようにしていくことも考えられる」とも述べられている。ポートフォリオ評価法については、❸で詳述する。

図1　学力評価の方法⁽⁵⁾

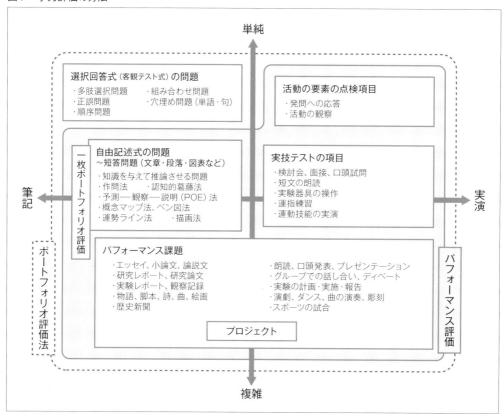

資料1　パフォーマンス課題となるような学習活動の例⁽⁶⁾

- まとまった文章を書く。
- リーフレットを作る。
- プレゼンテーションをする。
- グループで話し合う。
- 学んだ知識・スキルを応用して問題解決に取り組む。
- 学んだ知識・スキルを用いて作品を作る。
- 証明する。
- 根拠を示しつつ主張を述べる。
- 現象を説明する。
- 実験を計画・実施・報告する。
- 観察記録を書く。
- 曲を演奏する。
- パフォーマンスをする。
- 試合をする。
- 企画を立てる。

「目標に準拠した評価」を充実させるためには、このように様々な評価方法を、目的・目標に応じて適切に組み合わせて用いることが求められている。そこで次に、教科教育の場合と、「総合的な探究の時間」などの「探究的な学習」の場合に分けて、パフォーマンス評価の活用について検討してみよう。

２．教科における観点別評価の充実

（１）「知の構造」と評価方法の対応

　教科において観点別評価を充実させるためには、どのような目標に対して、どの評価方法を用いるのかを明確にすることが有効である。そのような目標と評価方法の対応を考える上で参考になるのが、ウィギンズ氏とマクタイ氏の提唱する「逆向き設計」論である[7]。

　「逆向き設計」論では、図2のように、「知の構造」と評価方法の対応関係が整理されている。この「知の構造」においては、一番低次に「事実的知識」と「個別的スキル」が位置づいている。それらは授業で扱う価値はあるものの、それだけでは生きてはたらく学力とはならない。そこで、より重大な観念として、「転移可能な概念」と「複雑なプロセス」が位置づけられている。「転移可能な概念」とは、様々な状況で使えるような概念を指す。また「複雑なプロセス」とは、様々な情報を総合するような手続き的知識を指す。

　さらに、それらを総合したところに、各教科の「本質的な問い」に対応するような、「原理や一般化」に関する「永続的理解」が位置づけられている。それこそが大

図2　「知の構造」と評価方法・評価基準の対応[8]

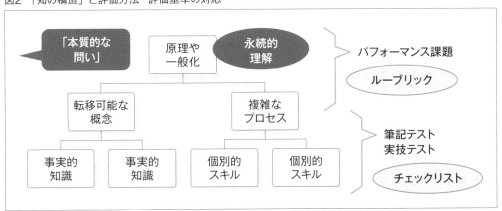

人になって詳細を忘れたとしても身につけておいてほしいような、重要な目標とされている。なお、2018年改訂学習指導要領では、「教科・科目等の特質に応じた見方・考え方」を鍛えることが強調されている。ここでいう「見方・考え方」は、「逆向き設計」論において提唱されている「本質的な問い」や「永続的理解」の考え方を踏まえて提案されたものであった[9]。

（2）パフォーマンス課題の作り方

このような「知の構造」を踏まえると、パフォーマンス課題を開発する際には、まず、単元における「本質的な問い」と「永続的理解」を明確にすることが求められる。「本質的な問い」とは、その教科の中核に位置するような「原理や一般化」を看破することを促すような問いである。学問の中核に位置する問いであると同時に、生活との関連から学習の意義が見えてくるような問いでもある。通常、一問一答では答えられないような問いであり、論争的で探究を触発するような問いである。「本質的な問い」を問うことで、個々の知識やスキルが関連づけられ総合されて「永続的理解」へと至ることができる。「本質的な問い」は、「〜とは何か？」と概念理解を尋ねたり、「〜するには、どうすればよいか？」と方法論を尋ねたりする問いである場合が多い。

また「本質的な問い」に対しては、色んな深まりの「理解」が想定される。そこで、単元において達成が目指される「永続的理解」についても、明文化しておくことが重要である。

次に、単元の「本質的な問い」を生徒自身が問わざるを得ないようなシナリオを

資料2　パフォーマンス課題のシナリオに織り込む6要素[10]

> な ………… 何がパフォーマンスの目的（Goal）か？
> やン ……… （生徒が担う／シミュレーションする）役割（Role）は何か？
> だナ ……… 誰が相手（Audience）か？
> アア
> そ ………… 想定されている状況（Situation）は？
> う ………… 生み出すべき作品（完成作品、実演：Product, Performance）は何か？
> か ………… （評価の）観点（成功のスタンダードや規準：Standards and criteria for success）は？

設定して、パフォーマンス課題を考案する。具体的には、資料2に示した6つの要素（GRASPSと略記される）を考えるとよいと提案されている（「なやんだナ、アアそうか」は、筆者が日本語に翻案したものである）。本書第2部では、様々な教科で開発されたパフォーマンス課題の実践例を紹介しているので参照されたい。

（3）指導要録の観点との対応

さて、2019年改訂指導要録の「観点別学習状況」欄の観点については、「知識・技能」、「思考・判断・表現」、「主体的に学習に取り組む態度」の3観点に整理されている。次に、これら3つの観点の成績づけをどう計画すればよいかについて考えてみよう。ここでは特に、指導要録改訂の方針を示した中央教育審議会初等中等教育分科会教育課程部会の報告[11]（以下、「報告」と記す）を参照する。

①観点「知識・技能」と観点「思考・判断・表現」

「知の構造」に照らすと、指導要録でいうところの観点「知識・技能」は、個々の「事実的知識」や「転移可能な概念」、「個別的スキル」や「複雑なプロセス」が習得できているかどうかを見る観点だと考えられる。「知識・技能」の評価に関しては、「他の学習や生活の場面でも活用できる程度に概念等を理解したり、技能を習得したりしているか」について評価すること（「報告」）が強調されており、これまで以上に「転移可能な概念」や「複雑なプロセス」を見る必要性が重視されていることがうかがわれる。

一方、観点「思考・判断・表現」は、「転移可能な概念」や「複雑なプロセス」を総合して思考・判断したことを表現する力（「永続的理解」が身についているか）を見ようとするものだと考えられる。「思考・判断・表現」についての具体的な評価方法として、「論述やレポートの作成、発表、グループでの話合い、作品の制作や表現等の多様な活動」を取り入れることが例示されている（「報告」）。つまり、パフォーマンス課題で評価するとよいと考えられる。ただし、学校の判断によっては、パフォーマンス課題ほど複雑な課題ではなく、筆記テストの自由記述問題や、思考・判断が求められるような実技テストで評価するということもありうるだろう。

②観点「主体的に学習に取り組む態度」

観点「主体的に学習に取り組む態度」については、まず「何を成績づけしてはいけないのか」を確認しておくことが重要である。「資質・能力」の柱「学びに向かう

力、人間性等」のうち「感性、思いやり」などは、「観点別学習状況の評価や評定」にはそぐわないので、「児童生徒一人一人のよい点や可能性、進捗の状況」を評価する「個人内評価」を行うべきだとされている（「報告」）。

また、「答申」では、「学習前の診断的評価のみで判断したり、挙手の回数やノートの取り方などの形式的な活動で評価したりするものではない」とされていた。「報告」でも、「挙手の回数や毎時間ノートを取っているかなど、性格や行動面の傾向が一時的に表出された場面を捉える評価であるような誤解」を払拭すべきだ、と強調されている。つまり、「主体的に学習に取り組む態度」は、一般的な学習態度ではなく、あくまで教科の内容に取り組む態度を見ようとするものだということを確認しておく必要がある。

では、何を評価すればよいのか。「報告」では、「① 知識及び技能を獲得したり、思考力、判断力、表現力等を身に付けたりすることに向けた粘り強い取組を行おうとする側面と、② ①の粘り強い取組を行う中で、自らの学習を調整しようとする側面」という2つの側面を評価することが求められている[12]。また、「他の観点に関わる児童生徒の学習状況と照らし合わせながら学習や指導の改善を図ることが重要である」と確認もされている。実は、「答申」では既に、「学習指導要領改訂を受けて作成される、学習評価の工夫改善に関する参考資料」の中で、「複数の観点を一体的に見取ることも考えられることなどが示されることが求められる」と述べられていた。

そこで本章では、パフォーマンス課題を用いて、「思考・判断・表現」と「主体的に学習に取り組む態度」を一体的に見取ることを勧めたい。パフォーマンス課題に取り組む際には、より質の高い作品や実演を生み出すために試行錯誤しつつ粘り強く取り組んだり、自らの取組の良い点や問題点を的確に自己評価し、調整したりすることとなる。まさしく、2つの側面を見取るのに適した評価方法と言えるだろう。

（4）評価を行う場面や頻度

ところで、2001年の指導要録改訂によって「目標に準拠した評価」が小・中学校で導入された際には、多くの学校で丁寧に評価を行おうとするあまり、過度の点検に追われ、「評価疲れ」が生じる例が少なくなかった。そこで「報告」では、「日々の授業の中では児童生徒の学習状況を把握して指導に生かすことに重点を置きつつ、『知識・技能』及び『思考・判断・表現』の評価の記録については、原則として単元や題材等のまとまりごとに、それぞれの実現状況が把握できる段階で評価を行うこととす

る」、「単元や題材ごとにすべての観点別学習状況の評価の場面を設けるのではなく、複数の単元や題材にわたって長期的な視点で評価することを可能とすることも考えられる」と強調されている。つまり、すべての授業、すべての単元で、3つの観点を評価する必要はない。

　そもそも評価には、「診断的評価」（指導の前に生徒の実態を把握するための評価）、「形成的評価」（指導の途中で指導と学習の改善に生かすための評価）、「総括的評価」（指導の終了時に、学習の達成状況を把握し、記録に残すための評価）という、3つの機能がある。しかし学校現場では、これら3つの機能が十分に区別されていないために、たえず「成績づけ」に追われるような事態が生じている。

　法的に作成が義務づけられている指導要録は、1年に1回つければよいものである。慣例で作られている通知表についても、1学期に1回つければ十分である。そこで、先生方にはまず、年間指導計画を見通しつつ、どの観点をどの場面（授業、単元、定期テスト、発表会など）で評価するのが適切なのかを検討していただきたい（表1参照）。「成績づけ」を行う場面を明確にすることによって、日常的には形成的評価（抽出児だけを見る場合もある）を活かして指導の改善を図ることに注力しやすくなると考えられる。

表1　学力評価計画の立て方（イメージ。筆者作成）

観点	評価方法	単元1	単元2	・・・	単元X	単元Y
主体的に学習に取り組む態度	パフォーマンス課題		○	・・・		◎
思考力・判断力・表現力						
知識・技能	筆記テスト／実技テスト	◎	◎	・・・	◎	◎

※○が指導する観点、◎が成績づけに入れる観点を示す。

(5)「評定」のつけ方

　「観点別学習状況」欄の評価を「評定」欄の評価にどう総括するかについては、各学校が定めるものとされている（「報告」）。多くの学校で採用されているのは、①ABCを素点に変換し、重み付けも勘案しつつ、％に変換した上で、カッティング・ラインを設定する方式と、②ABCの組み合わせで変換する方式であろう。①の方式を採用する場合、3つの観点について、均等な重み付けにする必要はないので、教科

の特性に応じて、重み付けを決めることが重要となるだろう。

なお、パフォーマンス評価を用いる場合、○×で採点できないため、ルーブリックと呼ばれる評価基準表が用いられる。ルーブリックについては、**2**で詳述する。

3.「探究的な学習」の評価

(1)「探究」の2タイプ

次に、「総合的な探究の時間」に代表されるような「探究的な学習」の評価について検討してみよう。2018年改訂学習指導要領では、生徒たちを「生涯にわたって探究を深める未来の創り手として送り出していく」ことを目指して、「総合的な学習の時間」が「総合的な探究の学習」に変更される、「理数探究基礎」と「理数探究」、「古典探究」、「地理探究」「日本史探究」「世界史探究」が新設されるなど、「探究」を重視する方針が打ち出された。ここではまず、2018年改訂学習指導要領でいう「探究」には二種類があることを確認しておくことが重要である。

『高等学校学習指導要領（平成30年告示）解説　総合的な探究の時間編』においては、図3のように、「探究」における学習の姿が説明されている。この図が示す通り、「総合的な探究の時間」では、生徒自身が課題を設定し、情報を収集し、整理・分析、まとめ・表現するというサイクルを繰り返す学習が想定されている（ただし、実際の探究のプロセスは、「複数の手続きが乱雑に絡み合いながら進行する」。本書**2**参照）。

図3　「探究における生徒の学習の姿」[(13)]

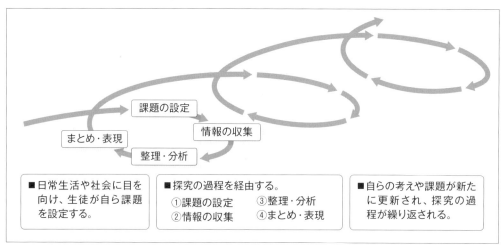

一方、各教科における「探究」科目は、「当該の教科・科目における理解をより深めるために、探究を重視する方向で見直しが図られたもの」である。「総合的な探究の時間」で行われる「探究」では、特定の教科・科目に留まらない対象や領域を探究するものであり、「解決の道筋がすぐには明らかにならない課題や、唯一の正解が存在しない課題に対して、最適解や納得解を見出すこと」が重視されている[14]。それに対し、各教科における「探究」科目は、教師が予め設定した狭い範囲での「探究」が想定されていると言えるだろう。「探究」科目における探究を促進する上では、「本質的な問い」に対応するパフォーマンス課題が有意義だと考えられる。そのような形で「探究」の練習を行うことによって「教科・科目等における見方・考え方」を身に付け、それらを総合しつつ「総合的な探究の時間」で本格的な探究に取り組むことが期待される。

　なお、「総合的な探究の時間」については全ての生徒に履修させるものとされている。しかしながら、理数の「理数探究基礎」・「理数探究」や、職業教育を主とする専門学科の「課題研究」について、同様の成果が期待できる場合は代替可能とされている。つまり、「総合的な探究の時間」、「理数探究基礎」・「理数探究」、「課題研究」等は、生徒自身が課題設定に取り組む点で、相互にかなり類似の性格をもったものとして位置づけられている。そこで以下では、これらの「探究的な学習」の評価に焦点を合わせよう。

（2）「探究的な学習」における評価の進め方

　生徒自身が課題設定を行う「探究的な学習」は、従来から高等学校においても「総合的な学習の時間」や「理科課題研究」などで行われてきたところである。しかし、実践に取り組まれる先生方からは、どのように評価を行い、指導や学習の改善につなげればよいのかに悩んでいる、という声を聞くことも少なくない。

　「探究的な学習」は、通常、主として課題設定に取り組む場面、主として調査を行う場面、主として成果のまとめを行う場面という順で展開する。そのプロセスでは、生徒たちの書いたものや口頭での表現、実際に調査に取り組む様子の観察、成果として生み出された表現物など、様々な方法で、生徒たちの探究の姿を捉え、評価することになるだろう。それらを体系的に整理するために、ポートフォリオを活用することも考えられる。

　ここで、特に重視したい評価の場面は、資料3に示したような、教師と生徒の間の

対話の場面（検討会）である。典型的な検討会においては、次のような流れで対話が展開する。①教師からオープンエンドの問いを投げかけて生徒の自己評価を引き出す。②生徒自身の言葉に耳を傾ける。③達成点を確認し、いいところをほめる。④具体例の比較などを通して、目標・評価規準（基準）を直感的につかませる。⑤次の目標について合意する。⑥確認された達成点と課題、目標についてメモを残す（丸番号は、資料中の下線に付した番号に対応している）。

資料3　検討会での対話の様子 (イメージ。大貫守氏作成の資料を踏まえて作成した。)

先生「山田さんは、ペットボトルロケットについて調べているんだよね。進捗はどう？①」

生徒「あんまり良く進んでいないんです。なんだか行き詰まっている感じで……。」

先生「どんなところに行き詰まっているのかな？①」

生徒「ん～［しばらく沈黙。教師は待つ②］。何をしたら良いのかよくわからなくなって……、ペットボトルロケットをただ飛ばしているだけのようで……。」

先生「山田さんは、テレビで見て、よく飛ぶペットボトルロケットが作れたら、エコな仕組みを考えられそう、と思ったんだったね。今まで、どんなことに取り組んできたのかな？①」

二人で研究ノートに書かれた内容について振り返る。

生徒「先行研究を読んでみると、遠くに飛ばすために羽やペットボトルの形、羽の位置や空中での回転の仕方が影響すると書いてあるんですが、僕のロケットはいつも空中で水平飛行にならず、飛距離も出なくなってしまうんです。」

先生「山田さんは、何回もペットボトルロケットを飛ばしながら空中での機体の傾きや羽の形との関係について既にキチンとしたメモを残しているね。これは素晴らしいことだよ③。どんな工夫をすれば、水平飛行になりそうかな？」

生徒「まずは、羽の位置と形かなぁ……。でも、よく飛ぶって書いてある本を片っ端から見て羽の形は変えたりしているけど、よくわからなくなっちゃった。」

先生「羽の形を飛行機や鳥の翼、実際のロケットの仕組みを参考にしてみると面白いものができそうだね。なぜその羽の形や位置で良く飛ぶのかという仕組みを考えてみたらどうかな？　そのときには、ロケットの重心や回転にこだわってみてもよいかもしれないね④。」

生徒「そういうことなら、何とかできそうかな⑤。」

二人は話し合った内容についてメモを残す⑥。

なお、「探究的な学習」の評価にあたっては、課題設定場面で課題設定力、調査場面で調査力、まとめの場面で表現力を見るといった対応にはならない点に留意しておきたい。「探究的な学習」では、繰り返し課題が設定しなおされ、徐々に課題が深まっていく。その課題に対応して、できるだけ質の良い情報をより多く集めることが追求される。さらに、集めた情報を論理的に整理し、成果が確認されるとともに、新たな課題設定に活かされる。つまり、「探究的な学習」のプロセスでは、はじめから最後まで一貫して、ⓐ課題設定力、ⓘ資料収集力、ⓤ論理的思考力、といった観点で評価することが求められると言えるだろう。

　本書第2部では、「総合的な学習の時間」や「理科課題研究」などの「探究的な学習」の時間の実践も報告いただいている。先生方が評価を活かしつつ指導と学習の改善に取り組んでおられるところに、是非、注目していただきたい。

〈注〉
(1) 田中耕治『教育評価』（岩波書店、2008年）参照。
(2) 中央教育審議会「幼稚園、小学校、中学校、高等学校及び特別支援学校の学習指導要領等の改善及び必要な方策等について（答申）」2016年12月。
(3) 同上。
(4) 西岡加名恵『教科と総合に活かすポートフォリオ評価──新たな評価基準の創出に向けて』図書文化、2003年、p.52。
(5) 西岡加名恵『教科と総合学習のカリキュラム設計──パフォーマンス評価をどう活かすか』図書文化、2016年、p.83。
(6) 西岡加名恵「『主体的・対話的で深い学び』とパフォーマンス評価」石井英真・西岡加名恵・田中耕治編著『小学校　新指導要録改訂のポイント』日本標準、2019年、p.32。
(7) 「逆向き設計」論とは、G. ウィギンズ ＆ J. マクタイ（西岡加名恵訳）『理解をもたらすカリキュラム設計──「逆向き設計」の理論と方法』（日本標準、2012年）において提唱されているカリキュラム設計論である。詳細については、前掲『教科と総合学習のカリキュラム設計』も参照されたい。
(8) 前掲『教科と総合学習のカリキュラム設計』p.82。
(9) 「育成すべき資質・能力を踏まえた教育目標・内容と評価の在り方に関する検討会──論点整理」（2014年3月）参照。
(10) 前掲『教科と総合学習のカリキュラム設計』（p.97）の表を簡略化した。
(11) 中央教育審議会初等中等教育分科会教育課程部会「児童生徒の学習評価の在り方について（報告）」2019年1月。
(12) 同上、文部科学省　国立教育政策研究所教育課程研究センター「学習評価の在り方ハンドブック　高等学校編」（2019年6月）も参照。
(13) 『高等学校学習指導要領（平成30年告示）解説　総合的な探究の時間編』2018年、p.12。
(14) 同上、p.10。

2

ルーブリックの開発と活用

愛知県立大学教育福祉学部准教授　大貫 守

　2010年代中頃を境として、初等・中等教育において、主体的・対話的で深い学びが求められている。特に、AI（人工知能）やIoT、ロボットを始めとするテクノロジーが日常生活に浸透した次世代型の暮らしを見据えて、子どもたちが学校内外でよりよく生きていくことができるように、既存の教科や教育内容の見直しが図られている。その一環として、2018年改訂の学習指導要領（高等学校編）では「理数探究」や「古典探究」、「総合的な探究の時間」などの新設や名称変更がなされるとともに、従来の知識・技能の獲得に加えて、それらを現実世界で活用する学びを介して、思考力・判断力・表現力等を育成することが後期中等教育の改革の指針として掲げられている。

　だが、このような新たな形の学びが模索される一方で、そこで獲得された力を教師が評価する方法については未だ手探りの状態にある。例えば、リクルート進学総研が全国の高等学校（全日制）を対象に行なった調査において、回答の得られた高等学校（約1000校）の約半数の教員が、教科や「総合的な学習（探究）の時間」において実施している主体的・対話的で深い学びを介して生徒が身につけた学力を評価する手法の確立を課題として挙げている[1]。

　とりわけ、高等学校では2022年から適用される指導要録において観点別評価が実施される。そこでは、先の学びを通して獲得した「思考・判断・表現」や「主体的に学習に取り組む態度」を評価する方策として、実際に知識やスキルを使いこなすことを求める評価、具体的にはパフォーマンス評価などのオルタナティブな評価方法の充実が謳われている（**1**を参照）。

　しかしながら、パフォーマンス評価を通して得られた生徒のレポートや作品は、筆記テストのように正解・不正解という形で判定できるものではない。むしろ、その取り組みの質が吟味される。その質を判断する1つの道具としてルーブリックと呼ばれる評価基準表がある。本節では、このルーブリックの背景にある原理と開発のプロセ

ス、活用方法について概観する。

1．ルーブリックの背景にある評価観

　ルーブリックとは、成功の度合いを示す数レベル程度の尺度と、各レベルに対応するパフォーマンスの特徴を示した記述語（基準とそれに到達した生徒の具体的な姿を示す徴候）からなる評価基準表を指す[2]。例えば、子どもの朗読を評価する場面を考えてみたい。その際に、教師は「流暢に文章を朗読できている」という形で流暢さなどの観点とその程度（評価基準）を組み合わせて質的に評価する。その判断基準を1つの表にしたものがルーブリックである。

　特に、ルーブリックを用いて判断する質的な評価は、マークシートを用いた客観テスト（正誤問題や多肢選択問題などを含む）などによる量的な評価と異なり専門家の有する鑑識眼を基盤としている[3]。それは芸術家が自らの経験知に裏打ちされた鑑識眼を用いて作品の質を味わうことと同様である。芸術において、その批評の妥当性が他の批評家から吟味されるように、教育でも保護者などに対して、その判断の確かさや根拠を示すことが求められる。その際に、評価者が何をどんな点で評価したのかを明確に示すためにルーブリックが作成される。

　ルーブリックの語源はラテン語のrubricaという語にある。このrubricaから派生して、ルーブリックには、①教師による赤入れや朱書きという意味や、②カテゴリーに応じて本の章を区切るという意味、③作品を眺めて様々な観点から話し合うことを楽しむといった意味を内包している[4]。そのため、（ルーブリックという言葉には、）教師による指導の側面や連続したまとまりに区切りや境界線を入れるという側面、更に、様々な観点から対象を捉えるという側面が含まれている。

　ところが、ルーブリックを評価に用いるという場合、教師の作成した表に子どもたちを機械的に当てはめていくという印象をもたれることが多い。確かに教師が必死に表を書き、それを熱心に割り当てることに終止する実践があるのも事実である。だが、ルーブリックは、単に教師が一方的に査定し、作品をレベルで区切るだけではなく、語源にもあるように、同僚などと生徒の作品を様々な側面から眺めて、対話を交わしながら作品の理解を深めたり、ルーブリックそのものを練り直したり、指導に生かしていくことに1つの意義がある。これを念頭におきながら、ルーブリックの開発プロセスを概観する中で詳細に見ていこう。

2．特定課題ルーブリックの作り方とポイント

①特定課題ルーブリックの作り方

　ルーブリックと一口に言っても、目的や用途に応じて様々な形のものが存在する。これらは、ルーブリックに含まれる観点の数や適用の期間などによって分類される。ルーブリックの観点に着目すれば、単一の観点で全体的な印象を判断する「全体的ルーブリック」と、複数の観点を設定し各観点について質的な転換点を捉える「分析的ルーブリック」に分けられる。この他、ルーブリックの適用期間で区別すれば、特定の課題から生み出された作品について、その質を吟味するための規準（基準）を描き出す「特定課題ルーブリック」と長期にわたる生徒の成長を段階的に記した「長期的ルーブリック」が存在する[5]。

　特に、これらのルーブリックの中でも、教師が単元レベルで身近に用いることができるルーブリックとして特定課題ルーブリックがある。本項では、まずこの特定課題ルーブリックの開発プロセスについてみていこう。

　特定課題ルーブリックは次の手順で作成される（資料1）。まず①評価対象となる特定の課題から生み出された作品を机に並べ、複数の評価者で作品を味わう。次に、②作品を吟味し、目標への到達度（レベル）に応じて作品を分類する。最後に、③①と②を経てレベル分けされた作品を眺めつつ、そのレベルの作品に共通する特徴を捉えて、記述語を生成する。

資料1　特定課題ルーブリックの作り方

---

① パフォーマンス課題を実施し、子どもたちの作品を集める。
② 複数の評価者で生徒の作品を吟味し、目標を十分に満たす作品（A）、目標を満たした作品（B）、目標に向けて努力を要する作品（C）といった形で分類する。
③ ②でつけた得点を評価者間で交流し、意見が一致した作品を眺めながらどのような特徴が見られるのか（記述語：基準と徴候）を明文化する。

　一連の手続きを経て、表1の形でルーブリックが作成される。表1のルーブリックは、看護師養成課程で行われている部分清拭（病気やけがなどで入浴できない患者さんの体の一部を蒸しタオル等で拭く行為）の実技テストにおいて技術の巧拙を判断するために用いられている。ここでは、技術の質についてA・B・Cの3段階からなるレベルが設定され、それに対応する記述語が描かれている。

表1　部分清拭のルーブリック（一部抜粋・引用者が一部修正した）[6]

観点	A	B	C
安楽さ	**安楽さを十分に与えられている** 不必要な露出、相手に冷たさを感じさせず、適度な圧力と速さで必要なコミュニケーションを取りながら、ボディメカニクスを活用して20分以内に実施し、疲労感・不快感を与えていない	**安楽さを与えられている** 不必要な露出、相手に冷たさを感じさせず、適度な圧力と速さで実施しているが、ボディメカニクスを活用しておらず20分以上かかる	**安楽さを与えられていない** 不必要な露出があり、相手に冷たさを感じさせている

　③でルーブリックの記述語を書く際には、基準と徴候の2つの要素を意識する必要がある。基準とは、知識やスキルの質の違いを数レベル程度で具体的に示したものである。他方で、その基準を満たす生徒のパフォーマンスの特徴を叙述したものが徴候である。

　この基準と徴候について、具体的なルーブリックの記述語をもとにみてみたい。表1の中でも「安楽な部分清拭ができている」等、太字下線部が基準に該当する。この課題では、部分清拭で患者さんに安楽さがどの程度与えられたのかということが、学生のパフォーマンスを区切る目安となり、それを基準として学生の成長のグラデーションが示される。他方で、記述語の中でも「不必要な露出があり、相手に冷たさを感じさせている」という部分は徴候に当たる。ここでは、基準にある安楽さを与える学生の具体的な行動が列挙される。

　一般に、基準だけでは、どのような作品がそのレベルに含まれるのかということが明確にならないこともある。そのため、徴候を記述することで、その基準の示す生徒のイメージを、ルーブリックの読み手に、より豊かに伝えることを意図している。これについては、単に生徒の姿を文章で記すだけでなく、アンカー作品と呼ばれる、そのレベルに対応した具体的な生徒の作品（スピーチの映像なども含む）を添付することが推奨されている。

　以上がルーブリック作成の具体的な手続きである。一見すると、作成の手続自体はシンプルなものに思われる。しかし、資料1の①から③のそれぞれの手続きにおいて、適切なポイントがおさえられていなければ、ルーブリックとは似て非なるものが生成される危険性もある。そこで、次にルーブリックを作成する上でのポイントにつ

いて確認しておこう。

②ルーブリックを作成する上でのポイント

　ルーブリックを作成する上では、(1) 作品を味わう段階、(2) レベルをつける段階、(3) 記述語を書く段階の各段階で、抑えるべきポイントが存在している。例えば、(1) について、生徒の作品を味わう際には、作品間で評価者の評価が揺れないように工夫することが1つのポイントである。他の評価者の採点結果や言動が、作品への先入観などを生み出し、評価に影響を与えることがある。それを考慮し、他の評価者の採点結果がわからないよう、個々の評価者に作品のレベルと特徴を記入する採点シートを配布するなど策を練る必要がある。

　また作品を吟味する際に、作品を眺める視点を決めておくことも、評価者の中で作品間の採点結果の揺れを少なくする工夫であろう。例えば、2つの料理の巧拙を判断する際に、片方は彩りを、もう一方では味を評価したら、両者に不公平な評価となることは想像できるだろう。それと同様に、評価者が作品を批評する視点を貫き、採点することが確かな評価に繋がる。

　(2) レベルをつける上でもポイントがある。先述のように、評価者は生徒の作品をレベル（質）に応じて分類し、ルーブリックを作る。だが、このレベルは、上から何番目という形で、相対評価のように機械的に区切ったり、もしくは闇雲に細かく設定したりすればよいわけではない。

　ルーブリックで示されるレベルは、あくまで子どもの質的な転換点にそって区分けされる。バスケットボールを例にとれば、試合でプロが空間をうまく使ってゲームを有利に進めていることがわかっても、必ずしも自分が実際の試合で適切に空間を使いこなすことができないように、行為には真似しても真似できないような境界、すなわちレベルの差が存在する。そこで、生徒のつまずきや壁を意識して、そのハードルが妥当な間隔となるように設定する。

　最後に (3) 記述語を作成する際のポイントも確認しておこう。ルーブリックの記述語の中には、基準と徴候の区別が不明瞭なままに記述されているものも存在する。例えば、口頭発表の質について、合格とされるレベルの記述語を「アイコンタクトを用いて発表をしている」とし、その中でも特に優れているレベルを「具体例を挙げながら聞き手に伝わる発表している」と記述しているルーブリックを想像して欲しい。ここでは、例示という徴候と聞き手に伝わる発表という基準の2つが区別されずに記

述されている。もしルーブリックに即して評価を行えば、発表で生徒がアイコンタクトをしたり、具体例を挙げたりしなければ、合格レベルにならないことになる。

　だが、それは口頭発表の評価基準として妥当なものなのだろうか。口頭発表の1つの目的は、相手に発表内容を伝えることにある。そのため、口頭発表の巧拙を問うルーブリックで用いられる基準、つまり成功の度合いは、聞き手が発表内容を十分に理解できたかどうかということで測られる。その際、徴候として示されるような発表者が用いる例示やアイコンタクトは、聞き手を発表へと誘い、理解を促す1つの方策に過ぎない。

　畢竟、相手の既有知識や発表の状況、聞き手との関係性などによっても、優れた口頭発表の内実も異なる。例えば、アイコンタクトを用いなくとも、内容に聞き惚れる発表も存在しうる。つまり、徴候は行動の例示の域を出ず、あくまで判断の拠り所となるのは、その課題における目的の達成度の度合いを示す基準なのである。そのため、妥当性や信頼性を担保するためにも、両者を明確に線引きする必要がある。

　以上のポイントを踏まえても、ルーブリックは、教師の設定した枠組みを子どもの作品に押しつけ、型にはめるものと思われるかもしれない。だが、ルーブリックを作成することの最大の長所は、同僚・生徒・生徒の作品との対話を通して、共同で評価基準を創る点にある。

　例えば、英語のスピーチを評価する場面を考えてみよう。スピーチの出来栄えについて評価者間で話し合う時に、流暢であるが内容の深まりが満足ではないと評価したものと、深みのある論考ではあるが、会話にたどたどしさが残ると評価したものが存在する場合、どちらか一方の見方で評価することは、どちらか一方の良さを疎外することになる。むしろ、流暢さと内容の深まりという2つの観点からなるルーブリックを構想することで、両者の長短を捉え、その作品の良さを従前に味わい、指導に活かす可能性が見えてくる。このように、作品に即してレベルや記述語を議論する中で、評価者が保持している作品の見方が多面的なものとなることもある。

　関連して、ルーブリックづくりは、様々な立場の人々（同僚・子どもなど）が評価に参加する道を拓くものになる。例えば、教師が生徒の作品と対話する中で、教師の側が事前に想定していた評価規準（基準）、すなわちルーブリックの観点や記述語が問い直される。また、上述の同僚間での対話も、そのような参加の一例といえる。このような参加と対話の機会が保障されなければ、教師が恣意的に力の有無を点検し、序列化する道具に堕する危険もある。

だが、評価者を増やし、作品を眺める視点を豊かにするとしても、観点を安易に増やすことには弊害もある。まず観点を膨大に設定することは、評価の実行可能性を危うくする。例えば、１分間の英語スピーチを10個の観点で評価することは困難であろう。つまり、視点を増やしても、評価者がそれを使い切ることができない（＝実行可能性がない）危険性がある。この点について、評価の観点を一定以上増やしても、評価の妥当性の向上は担保されないことも指摘されている[7]。

　更に生徒の作品を目標にとらわれずに観点を設定し、無制限に評価することは教育評価の原則に反する。例えば、絵画教室で学んだ技術を用いて壮大な絵を描いた生徒を、その技術の有無で評価をすれば作品の評価にはなり得ても、教師の指導の評価とはならない。また、それは各家庭の経済資本や文化資本の評価に繋がりうる。もちろん重要な目標が看過されている可能性を常に視野に入れ、作品に即して観点は随時、検討されるべきである。しかしながら、第一義的には教師が目標に掲げ、あくまで指導したことを軸に見直しを図っていくことが望ましい。

3. ルーブリックを用いた指導の改善

　適切にルーブリックを作成しても、それが単に教師の評価の道具となれば、宝の持ち腐れとなる。ルーブリックには、生徒の学習や教師の指導の改善に役立てる役割もある。本項では、教科や「総合的な探究の時間」において思考力・判断力・表現力の育成に取り組んでいる高等学校の事例をもとに、ルーブリックを生かした指導の実際について検討してみよう。

①ルーブリックを活かした教科の指導

　京都府立園部高等学校では、「生徒ひとりひとりが教科学習に主体的に参加し、学んだことを学習者相互のやり取りの中で深め、それを表現していく力を育てたい」という理念の下で、英語科を中心に2006年度からパフォーマンス課題を取り入れている[8]。特に、同校では、英語科を通して育てたい学力をSonobe Assessment Gridと呼ばれる長期的ルーブリックで表現している。そこでは、学年縦断的に英語の４技能（読む・聞く・話す・書く）の成長の段階を記し、年間シラバス等に位置づけ、個々の単元や授業の設計に活用している。

　同校の英語科の実践を見てみよう。表2は高校１年生の５月から６月にかけて行われている「『私が紹介したい人』というテーマで英語で発表する」というパフォーマ

ンス課題に対応した「内容と構文（Contents and English Structure）」に関するルーブリックである。このルーブリックは、これまでの指導を通して得られた生徒の作品の蓄積を活かして作成されている。そこでは、単に人物について話せる段階、より具体的に紹介できる段階、その人物を紹介したい理由に言及して、適切な構文を用いて聞き手に伝えられる段階という質的な転換点が示されていることが読みとれる。

表2　「私が紹介したい人」ルーブリック（レベル5の記述語とその他の観点は省略、レベル1の記述語は本書への引用にあたって田中容子氏に確認して追記した）[9]

	Contents and English Structure
4	紹介したい人物の内容を具体的に紹介している（誰？何をしている？） なぜ自分がその人物を紹介したいのか具体的に述べている。複文構造が使えている。
3	人物の内容を具体的に紹介している（誰？いつ？どこで？何をしている？） なぜ自分がその人物を紹介したいのか、簡潔に述べている
2	人物の内容を紹介している
1	人物が誰であるのかのみ紹介している

　授業では、この予備的なルーブリックが生徒と共有され、ゴールの目安として活用される。具体的には、「みんなが少なくともレベル4の作品が書けるように頑張ろう」と単元のゴールが伝えられたり、「今日はレベル2まではやりましょう」などという形で授業のゴールとして示されたりする。このように学習のゴールを生徒が明確に認識・共有できるようルーブリックを介して指導が工夫されている。

　これは、生徒が自らの学びを省察し、改善するという自己調整のある学びを可能にする。他方で、ルーブリックが生徒のつまずきの理解を促進する道具にもなりうる。表3は、先述のSonobe Assessment Gridの読みの部分の長期的ルーブリックを抜粋したものである。

　ここでは、特に表3の下線部に着目してみたい。英語科で、生徒がつまずきやすいポイントの1つに日本語との語順の違いがある。例えば、"I left for school after it stopped raining." という文章を英語が苦手な生徒は「私が学校へ出かけた後に雨がやみました」と訳してしまいがちである。そこで、ルーブリックの作成を担った田中容子教諭（当時）は表3のルーブリックのように、語順や後置修飾・複文構造の理解を英文読解における質の転換点と捉えて記述語を記した（下線部参照）。これにより、

表3 Sonobe Assessment Grid（reading部分のみ。下線部は引用者）[10]

習熟段階	3	4	5	6
reading	<u>英文の主述及び後置修飾句をつかめる。</u>様々な分野の現代的な問題（言語・学習・科学・環境・社会）の文を辞書を使いながら読める。	複文構造を理解し、<u>後置修飾節を理解して前から読み進めることができる。</u>物語文をどんどん読める。評論文の論旨の展開が理解できる。英字新聞など辞書と注釈があれば読める。	長い文学作品が読める。自分の興味のある分野の専門用語を含む文が読める。英字新聞や英語サイトを辞書があれば読める。	辞書を使って専門的な論文が読める。英字新聞や英語サイトを読める。

生徒のつまずきや指導のポイントが教師にも共有される。同校では、これを踏まえて、語順や文構造を理解するワークシートの作成などに着手し、生徒のつまずきを回避し、どの学力層の生徒にも対応できる授業実践に学校全体で取り組んでいる[11]。

② 「総合的な探究の時間」におけるルーブリックの開発と指導改善

　他方で、「総合的な探究の時間」の指導と評価においてもルーブリックが活用されている。その中でも、課題研究と呼ばれる生徒の自主的な探究学習に取り組んできた近畿圏のスーパーサイエンスハイスクール8校が共同で、高等学校で保障すべき生徒の科学的探究力の内実を定め、開発した共通のルーブリック（標準ルーブリック）を生かした取り組みを見てみたい（**表4**）[12]。

　表4は、2年間から3年間にわたる生徒の探究力の質の深まりを示した長期的ルーブリックである。このルーブリックは、大きくは2つのルーブリックから構成されている。まず一番左にあるものが全体的ルーブリックである。これは、探究活動全体の質の深まりを示している。例えば、レベル1は探究活動開始時の生徒の探究の大まかな姿を示しており、レベル3は多くの学校で探究活動を終えるときにすべての生徒に保障したい探究力の概要を記している。

　しかし、これは大まかな生徒の姿であり、単独では指導の改善に寄与するものとならない。そこで、全体的ルーブリックの横に探究力をつける上でポイントになる観点とその成長の道筋を明確にした分析的ルーブリックを並置している。それと全体的ルーブリックとを対応させることで、探究活動全体の質を向上させる上での指導のポイントを明示している。

　観点は、科学者が実際に用いる手続きを反映して設定されている。ここで、すべて

の観点は単独に作用するものでも、左から右へ、つまり問い─調査─結論という形で直線的に進むことを想定して並べられたものではない。科学的探究は、レベル5の基準の記述において、横のつながりが表現されているように、複数の手続きが乱雑に絡み合いながら進行する。例えば、調査の途中で新たな問いが見いだされたり、結果を検証する中で実験方法の不備や問いの不明瞭さが取り沙汰されたりという形で、現実の探究は個々の手続きが相互に示唆を与えつつ、進展する。このような実際の探究の姿を踏まえて、ルーブリックが作成されている。

　この標準ルーブリックに特徴的なものが指導方略の項目である。これまで見てきたルーブリックは、そのレベルに対応した生徒の作品や姿が徴候として記述されていた。しかし、ここでは、それに留まらずに次に生徒が成長するための指導方略の例も記している。これは、ややもすれば指導の硬直化に陥いる危険性もあるが、ルーブリックを作ること自体が目的化し、指導が後退することを防ぎ、教師の生徒理解や指導方略の幅を豊かなものとし、授業改善へとつなげていく道具にもなりえる。

　最後に、このように複数の高等学校で標準ルーブリックを開発・活用する利点として、評価の妥当性と信頼性を高めることに繋がることを指摘しておきたい。「総合的な探究の時間」は、多くの場合、教育目標の内実や教育内容の選択と配列などが各学校、各学年、各教師の裁量にされがちである。また、科目の性質上、筆記テストを用いた評価も馴染まず、ややもすると教師の恣意的な評価に陥りがちである。しかしながら、このようにカリキュラムが類似した複数の高等学校でルーブリックを作成することで、より適切な目標を見出し、それについて妥当性と信頼性を担保した評価を行うことが可能となる。更に、そのような成長の軌跡についてルーブリックづくりを介して共有したり、ルーブリックに即して適切にカリキュラム評価を行ったりすることは自校のカリキュラムの見直しにも繋がるだろう。

　ルーブリックを用いることについては、その規準（基準）や徴候に振り回され、そこからはみ出る、より本質的で重要な生徒の姿や目標を捉え損なう危険性があることも指摘されている[13]。またルーブリックが、前提としているカリキュラムや背景にある理論や実践が共有されずに、本書に挙げられたルーブリックの観点や文言のみが輸入されれば、それは無用の長物となることは、容易に想像できるだろう。これについて、本文で言及してきたように生徒の姿に即してルーブリックを見直す視点や、自由記述等で目標にとらわれずに評価する視点、行動の奥にある生徒の力を徴候に依ら

表4 科学的探究に関する標準ルーブリックと指導方略 (14)

観点（上段）／本質的な問い（下段）	課題の設定		調査計画の立案と実施	情報収集と情報の評価	結果からの考察
	研究の意義づけ	課題の具体化			
レベル／基準（上段）・徴候（下段）	研究の意義とはなにか? ／ 子どもたちの到達点を判断する主な評価資料	よい研究課題とはなにか?	よい調査計画とはなにか?	情報をどう解釈できるだろうか?	どうすれば妥当な考察ができるだろうか?
	妥当な評価点を判断する主な評価資料：実験ノート（振り返りノート）・ポートフォリオ・検討会でのやりとり・行動観察・論文・ポスター 等				
5 基準 課題研究の質が特別優れているレベル。 **徴候** 一連の探究の手続きを理解し、省察を視野に入れて探究段階から次の探究活動を行っている。	自分の研究課題の学術的価値や社会的価値、既存の前提を問いを設定している。 ◉自分の研究課題が社会や学問の進展に寄与するものであることを口頭または文章において説明している。 ◉研究課題に関連する分野の先行研究との違いを明確にできている。	妥当な評価が可能な目標や、環境的な制約の中で実行可能で検証可能な問いや仮説を立てている。 ◉取りうる手段を踏まえ、実際に評価可能で検証可能な仮説が立てられている。 ◉身近な物事や検証材料などに注目し、検証可能な実験題を設定している。 ◉先行研究に関連がある場合、それらと比較できるような課題が設定できている。	実践を評価を判断し、必要な情報や手続きを身につけて、次の計画に活かせる。 ◉現状で知識・技術が不足したときは、自ら情報を収集し、習得しようとする。 ◉実施の都度、自分の振り返りをし、目的に応じて、計画を修正する。	情報（実験・観測データ等）を目的に応じて適切に評価をした上で、考察へ向けて示唆を与える形で解釈している。 ◉データを緻密に分析し次の発見や次の発展または大きな発見の結論に主している。 ◉実験の失敗などから修正点を見いだし実験をやり直す。 ◉別アプローチで得られた考察の妥当性を確かめるようにしている。	得られた結論から、より発展的な課題を見いだし、次の探究のプロセスが根拠立てられている。 ◉自分が進めてきた探究の手法の考え方を振り返り、発展的な解決を見いだり、その解決におけるアプローチを考案したりしている。
指導方略	[大きな目標のうち、今回の研究ではどこまでできたのか]と問う。	検証方法について、身近なものを使うように助言する。			多面的に考察し、発展的な課題に対する研究プロセスを考えるよう促す。
4 基準 課題研究の質が十分に満足できるレベル。 **徴候** 探究の手続きや一連の流れを理解しつつ自分の活動の質を理解して評価しながら探究活動を行っている。	自分の研究課題の学術的・社会的価値に触れて問いの意味を説明している。 ◉研究課題に関連する先行研究が紹介されている。 ◉自分の研究課題が社会においてどのような位置づけにあるか該当分野の話題を取り上げている。 △最終目標と、実現可能な実験をどのようにこれらに合わせるべきか悩んでいる。	評価が可能な目標や検証可能な問いや仮説を立てている。 ◉目標や仮説を、曖昧な言葉や単語を用いずに表現できている。 ◉必要な定義をしている。 ◉緻密な仮説を立てている。 ◉検証可能な目標、検証可能な仮説を説明できている。 ◉数多くの実験を計画している。 △課題に整合的でない検証可能な仮説を設定することはできない。	先行研究等を踏まえ、妥当性のある方法を多角的に判断し、計画に取り入れられている。 ◉先行研究や既存の理論を参考にしつつ、調査方法の妥当性を評価・選択ができている。 ◉課題解決に必要な条件・精度・具体性を意識した計画が立てられている。 ◉既存の複数の方法を評価し、自分の課題にあった方法を選択している。 ◉既に得られている各種データを、自ら課題に整合的に結びつけている。 △考察をふまえて、発展的な研究に至るプロセスを提案することができない。	情報（実験・観測データ等）を先行研究や既存の前提（概念枠組み・パラダイム等）を用いて合理的に解釈している。 ◉データの提示や解釈が正確に行われている。 ◉有効数字・測定・系統誤差の評価ができている。 ◉現他の検討ができている。 ◉自分が選択した方法や測定法の精度を意識している。 △実験データと理論が結びついていない。 △理論式の代わりに終始している。	論理的な考察ができており、得られた結論の妥当性の評価がなされている。 ◉先行研究や既存の理論との比較の結果、進めてきた探究をふりかえり、評価（仮説の採択、棄却や方法の不備等）し、次の課題を見出している。 ◉考察から新たな問題を解決するための新たな気づきがなされている。 △課題は見つけられているが、発展的な研究のプロセスまでは考えられない。
指導方略	・先行研究の意義を説明して、自分たちの研究の意義を説明させる。 ・対象の性質から連想されることのなかで、社会的に価値があるそうなことを見つけさせる。	・操作上の定義について問う。 ・身近なもので検証可能なものを調べさせる。	予想通りなら、どういうことが起こることが予想を確認するには、何を数えたら・それを確認するには、何を数えたり観察したりのすればいいか問う。		[考えうる原因は?本当に差があるといえるのか?]と問い、先行研究の解釈について討論させる。
3 基準 課題研究の質が満足できるレベル。	他者に自分の研究課題の意義を説明できる。	研究の目標を踏まえて、同じ問いや仮説を設定できている。	目的を明確にした計画を立て、見通しをもって計画どおりになっている。	情報（実験・観測データ等）を目的に合わせて集めることができている。	論理的な考察がなされている。

徴候 個々の探究の手続きを理解して探究活動を行っている。	○どのような社会的課題・学術的課題を解決しようとする研究であるかということが表現されている。 ○自分自身の研究内容を表現している。 ○社会的課題を解決しようとしている。 △考察の方向と研究課題の方向が一致していない。 △個々の課題をこなすことに終止している。	○曖昧な語を含んでいるものの、研究を通じて明らかにしたいことを目標や仮説といった形で表現できている。 ○仮説は立てている。 △検証可能な仮説や問いではない。	○使用できる材料・機器・締め切りなどを考慮できる。 ○具体的な手法が記載できる。 ○実験系の作り方を検討している。 ○目的にあった装置を作る必要性に気づいている。 △どうすれば正確な検証ができるかよくわかっていない。 △立式・パラメータ等の意味を実際の操作と結びつけて捉えていない。 △何をもって期待した結果が得られたと評価できるのかがわからない。	○実験・観測の条件などによってデータの整理ができている。 ○データから、一定の合理的考察に結びつけている。 ○研究における定義について考えはじめた。 ○データの見ながら、どこに着目すべきかを見つけている。 ○実験方法の記録をとっている。 ○再現性よく、比較的バラツキのおさえられたデータを得ている。 △グラフ化できても解釈に困る。	○結果から事実に基づく論理的思考ができている（正しい結果か間違った結果かは問わない）。 ○データをしっかりとまとめられた。 △対照実験で差が出た原因の特定をすることができない。 △先行研究の実験内容との比較に悩んでいる。
指導方略	･思いつくパラメータを挙げさせ、どこに注目すべきかを考えさせる。 ･実験の制御方法などを考えさせる。 ･人のやっていないことを探させる。	･対象について知識を得させる ･高校で検証できること（インフラ、安全面）を考えてみさせる。 ･先行研究を調べてみて人のやっていないところをさがすように指示する。	･実際に行うことを想定して実験計画を考えさせる。	･自分で条件を決めてデータをとろうと指示する。 ･他の条件をそろえるように指導（例:写真とって、同じ実験装置を再現するなど）する。 ･実験の再現性とデータのバラツキの低減が必要と指摘する。	･自分のデータの解釈について討論をさせた。
2 基準 課題研究の質がやや改善を要するレベル	自分の研究に漠然とした意義づけができている。	問いを立てることができている。	作業としての計画が立てられ、実施している。	入手した情報（実験・観測データ等）を示している。	論理的な考察が不十分である。
徴候 個々の探究の手続きを意識して探究活動を行っている。	○自分の興味や関心に基づいた問いを立てられている。 ○防災や環境問題といった、問題意識から課題を設定しようとしている。 △問いから探究すべき方向が導かれない。	○自分自身の疑問や、知りたいことを表現できている。 ○対象に関して、自分自身で問いを立て、目的を定められる。 △抽象的な問いを持てたがが、どうアプローチしてよいかわからないほど曖昧な問いである。 △問いが曖昧で具体的に何をしたらいいかまで絞り切れない。	○調査の手順を明確にしている。 ○研究手法と手続きを示している。 ○実施しやすい条件での実験・シミュレーションができる。 ○着目するパラメータを決める。 △着目するパラメータ以外が制御できていない。 △やりたいことはあるが、先行き不透明な状況。	○記録はできているが、合理的なまとめができていない。 ○複数のデータを得ている。 ○データがとれるようになった。 △サンプリングの条件が揃っていない。 △データの「特徴とは何か」でもめることがある。 △信用性のあるデータがない。	○結果について考察しているが、多面的でない。 △根拠が不十分である。 △結果から読みとれていない飛躍した考察がなされている。 △解釈されたデータを考察でどう扱うのか分からない。
指導方略	･生徒を見守る（待つ）。 ･生徒同士を話し合わせることで共通の興味を引き出す。 ･研究者の話を聞かせる。	･趣味や部活動の話を聞く。 ･子供の頃の疑問を聞く。 ･どんな疑問でもいいのでできるだけ多く書き出させる。	･実験内容を口頭で説明させ、教員が不明瞭な点を質問する。 ･「先行研究を調べてみよう。それを読み進めるために必要な知識も調べよう」と声掛けする。 ･まずはやってみさせる。	･みんな同じ特徴をもっているのか問いかける。 ･実験道具の使用方法レベルからの指導（テスターのつなぎ方等）。	･なぜ上手くいったのか問いかける。
1 基準 課題研究の質が大幅な改善を要するレベル	**自分自身で研究の意義を見出せない。**	**問いを出せない。**	**抽象的な計画にとどまり、実施が困難である。**	**入手した情報（実験・観測データ等）をまとめていない。**	**論理的な考察ができていない。**
徴候 探究の手続きがわからず、探究を進められない。	△自分自身の研究が、自分自身の興味と離れている。 △研究分野は決まったが自分自身が問題意識をもっていない。	△自分自身の疑問や知りたいことが何なのかが表現されていない。 △何を対象として良いかわからない。	○実際の行動手順が見えない抽象的な語を多く含む計画を立てる。 ○すでに知っている手法を利用して計画を立てている。 ○最低限の道具を用意し、実験にとりかかる。 △行動手順が見えていない。	○定量的なデータを得られるにも関わらず、定性的なデータしか示せていない。 ○サンプルを一つは抜きだせる。 △特徴をぬきだせない。一般化できない。 △実験操作の基礎的な手法を理解していない。	○結果と考察が分離できず、結果のみとなる。 △予想通りの結果が得られていない場合に、「失敗した」で終わる。 △試しやったら（予備実験）上手くいったものの、それで満足する。

ずに判断できる生徒を見る目（教師の教育的鑑識眼）を養うことが評価者には求められる。だが、他方で、ルーブリックが適切に運用されれば、優れた教師の子どもを見る視点や指導の方法を共有し、教師や生徒が自らの実践を内省し、改善していく有効な道具となることも事実であろう。ルーブリックに飼いならされるのではなく、飼いならすだけの教師の力量が求められているといえよう。

〈注〉────────────────────────────────

(1) リクルート進学総研『高校教育改革に関する調査2018』（http://souken.shingakunet.com/research/kaikaku2018_houkoku.pdf 2020. 1. 8 確認）。
(2) 西岡加名恵「パフォーマンス課題の作り方と活かし方」同他編『「活用する力」を育てる授業と評価 中学校』学事出版、2008年、p.14。
(3) 石井英真「レポート課題を評価するとき」成瀬尚志編『学生を思考にいざなうレポート課題』ひつじ書房、2016年、p.130。
(4) Popham, W.J., The Role of Rubrics in Testing and Teaching, NY: Routledge, 2006, p.6.
(5) 西岡加名恵『教科と総合に活かすポートフォリオ評価法』図書文化、2003年、pp.147-149を参考にした。
(6) 糸賀暢子「基礎看護技術の単元『清潔ケア』」同他編『看護教育のためのパフォーマンス評価』医学書院、2017年、p.62。
(7) 松下佳代・小野和宏・高橋雄介「レポート評価におけるルーブリックの開発とその信頼性の検討」『大学教育学会誌』2013年vol.35 (1)、p.113を参照。
(8) 田中容子「高等学校におけるパフォーマンス評価の実践」『カリキュラム研究』2016年、25号、p.91。
(9) ルーブリック全体については、田中容子「英語科におけるパフォーマンス課題」松下佳代・石井英真『アクティブラーニングの評価』東信堂、2016年、pp.86-87を参照。
(10) ルーブリック全体については、田中容子「すべての生徒に英語力を育てる」同他編『パフォーマンス評価で生徒の『「資質・能力」を育てる』学事出版、2017年、p.56を参照。
(11) 京都府立園部高等学校の具体的な実践については、同上書を参照。
(12) この標準ルーブリックは、石川県立金沢泉丘高等学校、福井県立藤島高等学校、滋賀県立膳所高等学校、京都市立堀川高等学校、奈良県立奈良高等学校、大阪府立天王寺高等学校、兵庫県立神戸高等学校、三重県立津高等学校の連携により開発された。開発プロセスは、西岡加名恵・大貫守「スーパーサイエンスハイスクール8校の連携による『標準ルーブリック』開発の取り組み」京都大学大学院教育学研究科教育方法学講座『教育方法の探究』2020年、vol.23、pp.1-12を参照。
(13) 森敏昭「学習開発学の展開」『学習開発学研究』vol.8、2015年、p.16も参照。
(14) 西岡・大貫、前掲論文、pp.8-9。

ポートフォリオ評価法と
一枚ポートフォリオ評価
―― 学びと授業改善のための設計と活用 ――

京都大学大学院教育学研究科博士後期課程 　鎌田 祥輝

　本章では、ポートフォリオ評価法と一枚ポートフォリオ評価（One Page Portfolio Assessment、以下、OPPA）に焦点を合わせる。教育評価におけるポートフォリオとは「子どもの作品、自己評価の記録、教師の指導と評価の記録などを系統的に蓄積していくもの」、ポートフォリオ評価法は「ポートフォリオづくりを通して、学習者が自らの学習のあり方について自己評価することを促すとともに、教師も学習者の学習活動と自らの教育活動を評価するアプローチ」である[1]。日本では、「総合的な学習の時間」（以下、総合学習）の導入と同時期に、筆記テストの代わりとなる評価法として注目され、急速に普及した。

　近年ではポートフォリオが総合学習の評価法以外の文脈でも衆目を集めている。高大接続の文脈では学びの成果を合否判定に用いるために生徒がe・ポートフォリオを作成する取り組みがなされ、また初等・中等教育段階のキャリア教育でキャリア・パスポート[2]の作成が必須となった。ポートフォリオ評価法は、いまや総合学習だけでなく、教科教育、特別活動等様々な領域で用いられており、その多様性に驚かされる。さらに、堀哲夫氏はポートフォリオに着想を得て、一枚ポートフォリオ（OPPシート）を用いたOPPAを提唱し、理科から広がって多数の教科・領域で実践が展開されている[3]。

　ポートフォリオ評価法は、生徒の自己評価を促し、教育活動を評価し改善する点に特長がある。このような特長を活かすためには、教師によるポートフォリオの適切な設計と指導が不可欠である。ファイルを用意して授業の資料を入れさせていくだけでは、「ファイルに何を入れてよいかわからない」、「資料をどのように指導に活かすかわからない」という状態になりかねない。

　そこで本章ではポートフォリオ評価法とOPPAの意義と設計・活用のポイントを原

理的に解説する。加えて、筆者が携わった兵庫県立尼崎小田高等学校（以下、尼崎小田高校）主催のプログラム「高校生サミット」で使用されたポートフォリオを取り上げ、ポートフォリオの実例と設計意図を紹介しながら、ポートフォリオ設計の実際を解説する。

1. ポートフォリオ評価法の意義と設計・活用のポイント

ポートフォリオ評価法を実践する上で、以下のような原則がある。①学習の過程や成果を示す多様な子どもの作品、自己評価、教師の指導と評価の記録を系統的に蓄積する。②蓄積した作品を並び替えたり取捨選択したりして、系統的に整理する。③学習の始まり、途中、終わりの各段階で、ポートフォリオ検討会（以下、検討会）を行う。

ポートフォリオは、評定をつけるための参考資料としてだけではなく、蓄積した作品や記録を生徒は自己評価のために、教師は指導や授業改善のために用いるというように、生徒の学習や教師の指導の改善に資するように活用できるものである。さらに、ポートフォリオは生徒の学習の過程と成果が凝縮されたものであり、学校の取り組みとその成果を説明する最良の資料になる。ポートフォリオを用いることには、保護者に対する説明責任を果たす意義もある。

それでは、ポートフォリオ評価法を用いたいと思ったとき、教師は何を考え、準備すべきなのだろうか。本節ではまず目的に応じたポートフォリオの性質の違いを確認する。次に、ポートフォリオ自体を設計し活用するために教師が考えておくべきことを解説する。

（1）ポートフォリオ評価法の目的：ポートフォリオの3つのタイプ

ポートフォリオ評価法を用いる前に、まずポートフォリオの3つのタイプ（表1）のうちどのタイプに当てはまるのかを意識することが大切である。この3タイプはポートフォリオの所有権（内容物や評価基準の決定権）が誰にあるのかによって分かれており、ポートフォリオをなぜ・どのように用いるのかに密接に関わるものである。3つのタイプは理念型であり、実際にポートフォリオを活用するときには複数の要素が混合することがありうる。

基準準拠型ポートフォリオは、評価基準と収集すべき成果物を教師が決め、学習前に生徒に提示し、これに照らして生徒が資料を収集するものである。生徒に身につけ

表1 ポートフォリオの3つのタイプ (理念型)[4]

ポートフォリオのタイプ	(1) 基準準拠型ポートフォリオ	(2) 基準創出型ポートフォリオ	(3) 最良作品集ポートフォリオ
ポートフォリオを用いる意義	「目標に準拠した評価」を実質化する。生徒に学習の見通しを持たせる。	生徒の到達点と課題を確認し、次の目標を柔軟に決定する。教師の想定していない目標が創出されることもある。	生徒が自分なりの基準で自己評価する力を育成する。生徒が何を重要だと考えているのかを教師が把握する。
評価基準	教師が決定権を持ち、生徒に学習前に提示する。	教師と生徒が相談しながら絶えず基準を作り替えていく。	生徒が評価基準作りを行う。最終的な設定権は各生徒にある。
内容物の決定	教師が事前に収集すべき内容物を提示する。	評価基準に照らし合わせて、教師と生徒が相談しながら収集する。	生徒が自身の評価基準に合わせて、学びの証拠として必要な資料を収集する。
教師の指導の特徴	生徒の到達点と課題を確認し、目標に到達できるように指導を行う。	生徒の到達点と課題を確認しながら、今後の学習の目標を生徒とともに考える。	どのような評価基準が意味あるものかを指導する。生徒に問いかけ、自己評価をうながす。

させたい学力や学習活動が明確な教科教育に適しており、「目標に準拠した評価」をする上で有用である。本書**1**の図1 (p.10) に示されているように、ポートフォリオには客観テスト、パフォーマンス課題、レポートや実験記録、ルーブリックを用いた自己評価の記録等、様々な評価方法を用いた資料を収集させることができる。そのため、ポートフォリオを通して事実的知識の習得から転移可能な概念・法則まで多様な学力の評価が可能になる。

　教師が作成する学力評価計画に加えてポートフォリオを活用することによって、生徒が目標を見据え、見通しをもって学ぶことができるようになる。ポートフォリオ評価法は、教科教育において「目標に準拠した評価」を適切に行う上でも有効なものである。

　次に基準創出型ポートフォリオは、教師と生徒が共同で評価基準を考えつつ作るものである。獲得すべき知識が明確な教科教育よりも、問題解決のサイクルを繰り返しながらよりよい探究やパフォーマンスを追究する探究的な学習により適している。

探究的な学習の評価の観点として、課題そのものの質、課題設定力、資料収集力、論理的思考力、協同する力などが提起されている。しかしこのような文言だけでは具体的にどのような成果物がより良いものなのかを生徒が理解することは難しい。ポートフォリオを用いて生徒の到達点と課題を確認しながら、よい探究とは何かを生徒とともに考えていくことで、より具体的なイメージを共有することができるだろう。目標を生徒と共有する方法の一つに、それぞれの観点についてパフォーマンスの特徴を記述した評価基準表であるルーブリックを作成し生徒に提示する方法がある（本書**2**参照）。また、確固たる到達すべき点があるというよりも、生徒の到達点に合わせて次の目標を柔軟に決定していくことも大切である。基準創出型ポートフォリオは、長期的な取り組みのなかでよりよい探究やパフォーマンスを追究するために、生徒に寄り添いながら指導を行うことに資するものである。

　第三に、最良作品集ポートフォリオは、生徒自身が自分なりの評価基準を設定し、自己アピールをするために作るものである。評価基準の決定権が教師にはないが、ただ生徒に自由にポートフォリオを作成させるわけではない。教師は生徒の評価基準をくみ取りつつも、どのような評価基準が意味のあるものなのか、どのように自己の学びを振り返り他者に伝えることができるかなどを指導し、ポートフォリオを用いた振り返りや学びのアピールの機会を設ける。ポートフォリオ評価法の特徴である、生徒の自己評価を促すことに変わりはない。

　ちなみに、大学入試を受ける生徒が作成するポートフォリオは、最良作品集ポートフォリオの特徴を有している。なぜなら、生徒の最良のパフォーマンスを示す作品や記録を収めるものであり、大学が求める生徒像がありつつも生徒自身が自分をアピールするために収集内容を決めることになるからである。たとえば、大学入試にあたって図1のポートフォリオを作った学生たちは、「様々な活動をまとめてみることで、活動の間にあったつながりや自分の特長に気づきました」（大平優斗さん・写真左）、「自分が達成できたことや自分の価値観の変化にも気づ

図1　ポートフォリオの例[(5)]

き、将来、挑戦したいことを思い描くことができました」（小山田遥さん・写真右）
と述べている[6]。

(2) ポートフォリオの設計と活用

　ポートフォリオを用いる目的と評価の位置づけを明確にしたら、次にポートフォリオ自体の設計と活用場面を想定した指導計画の策定が必要になる。ここでは、どのような位置づけでポートフォリオを用いるにしても事前に考慮しなければならないポイントを紹介する。

1）実施時期

　ポートフォリオの設計にあたって、まずポートフォリオをどの範囲で用いるかを考える。すなわち、一単元、一領域、学校カリキュラム全体を通して、などである。ポートフォリオの設計は、授業の中で行う学習活動の見通しを持った上で行うことが望ましい。

2）ポートフォリオの内容と容器

　ポートフォリオに入れる資料は最終成果物や紙資料にとどまらない。ワークシート、レポート、絵や立体の作品、返却されたペーパーテスト、ビデオ映像、メモや下書きなどが考えられる。また、生徒の自己評価の記録や教師の指導・評価の記録、生徒同士や親、地域の人からのコメントもあり得る。

　そして、何を残すのかによって適切な容器も異なる。立体的な作品があるのであれば箱や棚に収集することも考えられるし、映像作品がある場合は電子データで保存することも有効だろう。クリアファイルやリングファイルに蓄積する場合は、ワークシートのサイズを統一する工夫も必要である。ポートフォリオはただ作品を蓄積するだけでなく、検討会での指導に活用したり、最終的に学習の成果を発信する際に用いるものである。そのため、活用の場面を想定して最適な容器を選定する必要がある。

3）ポートフォリオ活用を取り入れた指導計画

　ポートフォリオを用いる期間の学習活動の中で、ポートフォリオを活用する機会を取り入れた指導計画を立案する必要がある。指導計画に定期的に含めるべき活動として①ポートフォリオに入れる資料の創出、②ポートフォリオの整理・編集、③検討会の3点がある。

①について、ポートフォリオに蓄積する資料は勝手に集まるものではない。自己評価欄を含めたワークシートの作成、ビデオや写真の記録を教師が撮る、付箋でコメントを貼るなど、ポートフォリオに収める資料が生まれるような活動や教材を設けたり、教師が意識的に資料を創出することも必要である。

　②について、ポートフォリオの整理・編集が必要なのは、学習の過程で生まれる作品をすべて保存しては、自己評価や指導に必要な情報を探すのが困難になるからである。ポートフォリオ作りの一方法として、学習の過程で生み出された作品を随時集めるファイル（ワーキング・ポートフォリオ）と、そのなかから目標や評価基準に照らして資料を取捨選択して編集したポートフォリオ（パーマネント・ポートフォリオ）の2種類を作成する方法もある。

4）ポートフォリオ検討会

　③検討会は、生徒と教師がポートフォリオを用いながら到達点と課題を話し合い、教師が生徒の学習状況を把握し生徒が次の目標設定を行う場である。どのようなタイプのポートフォリオを用いるにしても、検討会を行うことは欠かせない。典型的な検討会は、教師と生徒が一対一で対話をする形で行われる（具体的な進め方については、本書 p.18参照）。

　他方、生徒同士やグループでポートフォリオを交流することも生徒にとって意味のある活動である。さらに、保護者や地域の人々に対して学びの経過を発表してコメントをもらうことも生徒の学びにとって意義がある。学外の人々に対する発表は学習の最後に行われることが多いが、学習の途中でポートフォリオを見せながら到達点と課題を発表することで、多様な視点からアドバイスをもらい今後の学習に活かすことができる。

5）学習者への説明

　ポートフォリオ作りの意義が生徒に理解されなければ、ポートフォリオは教師の指示で作らされている課題として生徒に認識され、資料を入れても自己評価には用いられないただの容器になってしまう。何のためにやるか、何を入れるか、どのような評価基準で評価を行うのかなど、教師がポートフォリオ設計で考えたことを生徒と共有することが必要である。

　このときに、学校でポートフォリオに資料を蓄積させる文化があれば、先輩のポートフォリオを見せることによって、今後の学習の見通しやポートフォリオの活用法を

共有することが容易になるだろう。生徒は先輩が行った探究の最終成果発表を見る機会は多いものの、最終成果物が得られるまでにどのような紆余曲折の過程があり、どのような困難に直面し、これをどのように解決していったのか、といった探究の過程を知る機会は少ない。生徒の最終成果物をまとめた冊子を作成するだけでなく、探究の過程や成果を伝える手段でもあるポートフォリオを受け継いでいく意義は大きいだろう。

2. 一枚ポートフォリオ評価（OPPA）の意義と設計・活用のポイント

　ポートフォリオ評価法の良さを活かしつつ、堀哲夫氏が独自に考案した手法としてOPPAがある。OPPAは「教師のねらいとする授業の成果を、学習者が一枚の用紙（OPPシート）の中に学習前・中・後の履歴として記録し、その全体を学習者自身が自己評価する方法」と定義されている[7]。一般的なポートフォリオと異なり、一枚の用紙で完結するOPPAは、生徒が記述する必要最小限の情報を最大限活用することを意図している。OPPAは、ポートフォリオ評価法と同様に、教科教育、総合学習や道徳、キャリア教育、大学の教員養成科目等多様な場で活用されている。

　それでは、OPPAで用いられるOPPシートとはどのようなものなのか。筆者が作成に協力したOPPシート（図2）を参照しながら、OPPシートの構成要素を解説する。

① 「学習前・後の基本的な問い」は、単元などの一区切りの学習活動の中で、生徒にこれだけは身につけてほしいと願う概念や観念を問うものであり、学習前と後で同じ問いを設定する。この欄の目的は、教師が学習前の生徒の実態を知り、学習後に生徒がいかに変容したのかを明らかにすることである。さらに、生徒自身が前後の記述を比較することで自己評価を行い、単元の学びの意義を振り返ることも意図されている。

② 「学習履歴」は、毎時間の授業後に生徒が一番大切だと思うことを記録する欄である。この欄には学んだことをすべてメモするのではなく、生徒が1時間を振り返って本当に大事だと思ったことだけを記録させる。これは文章の形でなくとも図や表で表現してもよい。要点が的確にまとめられることが肝要である。毎授業で教師がこの欄を確認し、教師の意図と生徒の受容のズレを認識することで、教師はその後の授業改善に活かすことができる。

図2　2018年度「高校生サミット」OPPシート

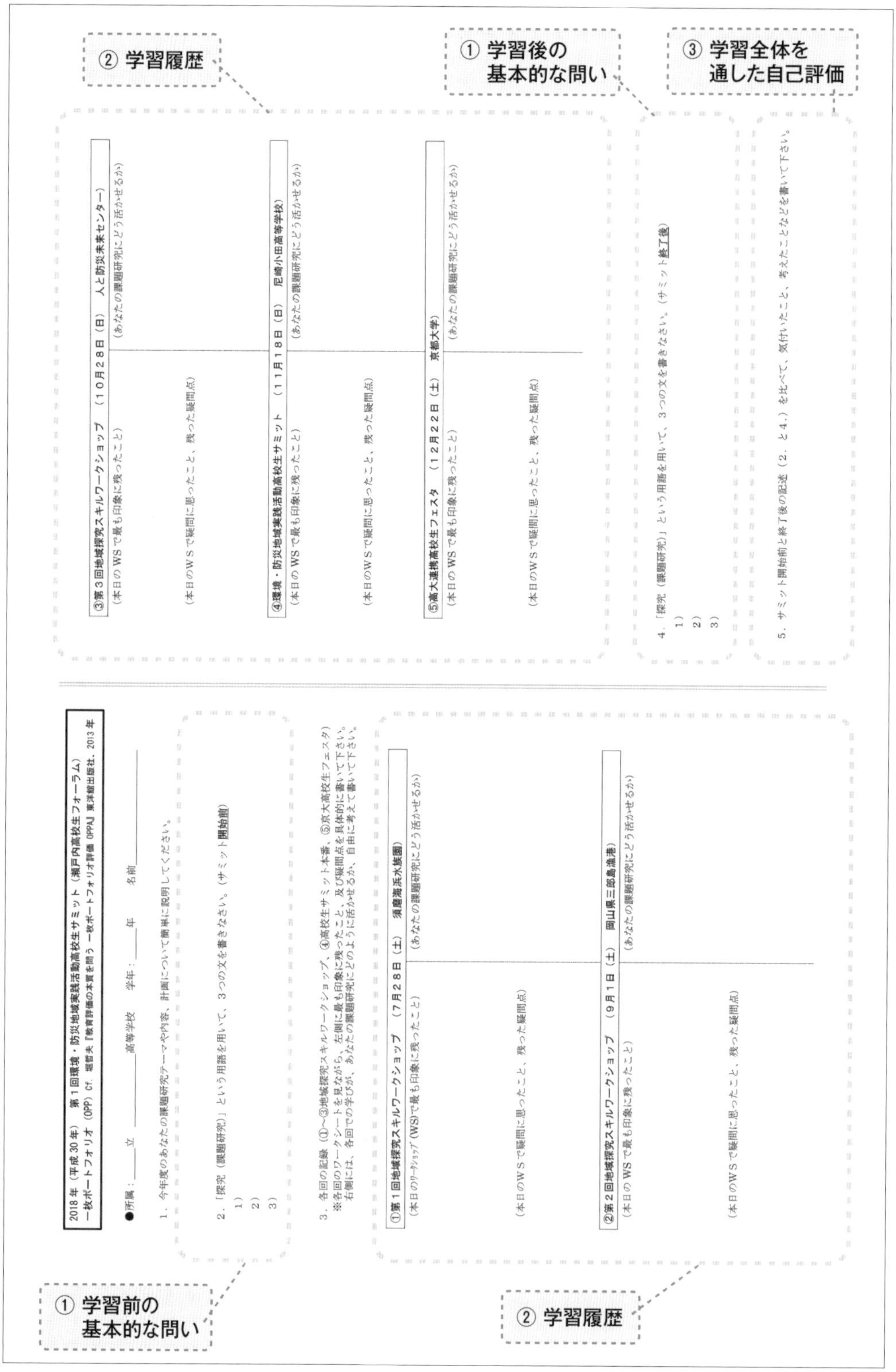

2018年（平成30年）　第1回環境・防災地域実践活動高校生サミット（瀬戸内高校生フォーラム）
一枚ポートフォリオ（OPP）Cf. 堀哲夫『教育評価の本質を問う 一枚ポートフォリオ評価 OPPA』東洋館出版社，2013年

●所属：＿＿立＿＿＿高等学校　学年：＿＿年　名前＿＿＿＿

1．今年度のあなたの課題研究テーマや内容、計画について簡単に説明してください。

2．「探究（課題研究）」という用語を用いて、3つの文を書きなさい。（サミット**開始前**）
1）
2）
3）

① 学習前の基本的な問い

3．各回の記録（①～③地域探究スキルワークショップ、④高校生サミット本番、⑤京大高校生フェスタ）
※各回のワークシートを見ながら、左側に最も印象に残ったこと、及び疑問点を具体的に書いて下さい。
右側には、各回での学びが、あなたの課題研究にどのように活かせるか、自由に考えて書いて下さい。

①第1回地域探究スキルワークショップ　（7月28日（土）　須磨海浜水族園）
（本日のワークショップ（WS）で最も印象に残ったこと）
（本日のWSで疑問に思ったこと、残った疑問点）
（あなたの課題研究にどう活かせるか）

②第2回地域探究スキルワークショップ　（9月1日（土）　岡山県三郎島漁港）
（本日のWSで最も印象に残ったこと）
（本日のWSで疑問に思ったこと、残った疑問点）
（あなたの課題研究にどう活かせるか）

② 学習履歴

② 学習履歴

③第3回地域探究スキルワークショップ　（10月28日（日）　人と防災未来センター）
（本日のWSで最も印象に残ったこと）
（本日のWSで疑問に思ったこと、残った疑問点）
（あなたの課題研究にどう活かせるか）

④環境・防災地域実践活動高校生サミット　（11月18日（日）　尼崎小田高等学校）
（本日のWSで最も印象に残ったこと）
（本日のWSで疑問に思ったこと、残った疑問点）
（あなたの課題研究にどう活かせるか）

⑤高大連携高校生フェスタ　（12月22日（土）　京都大学）
（本日のWSで最も印象に残ったこと）
（本日のWSで疑問に思ったこと、残った疑問点）
（あなたの課題研究にどう活かせるか）

① 学習後の基本的な問い

4．「探究（課題研究）」という用語を用いて、3つの文を書きなさい。（サミット**終了後**）
1）
2）
3）

③ 学習全体を通した自己評価

5．サミット開始前と終了後の記述（2．と4．）を比べて、気付いたこと、考えたことなどを書いて下さい。

③「学習全体を通した自己評価」は単元の最後に記入する。「学習前・後の基本的な問い」の比較だけでなく学習履歴まで含め生徒が学習活動全体と自身の変容について自己評価する場である。この欄が効果的に機能するためには、生徒が学習目標を自覚できるような授業を行うことが必要である。

　毎回の授業後に気づきや疑問を別々の用紙に書かせるのではなく、構造化されたOPPシートを用いる利点として、「おもしろかった、たのしかった」といった感想に終始してしまいがちな自己評価を深められることがある。すなわち、「学習前・後の基本的な問い」によって目標を明確化することでより単元・領域の内容や本質に迫った自己評価を促し、さらに「学習履歴」によって、以前考えたことと関連付けて自己評価することが可能になる。

　OPPAはポートフォリオと異なり、生徒が書いた比較的短い記述が主要な資料となる。授業ごとの要点を生徒自身の言葉で蓄積することに適する一方、多様な学習や目標に対応した評価資料を収集するには不向きである。そのためOPPAは、一つの単元や領域と言った比較的コンパクトな範囲で、目標や収集すべき資料を絞った際に用いると効果的であろう。

　また、OPPシートは、ポートフォリオに収めるワークシートを作る上でも参考になる。次節では、筆者が携わった「高校生サミット」でのポートフォリオの紹介を通してOPPシートを参考にしたワークシートの具体例も取り上げる。

3.　「高校生サミット」における活用事例

　「高校生サミット」は、海を共通のフィールドとして探究活動を行なっている高校生の情報交換の場として2011年度より2017年度まで毎年開催されていた「高校生フォーラム」（尼崎小田高校主催）の後継プログラムである。2017年度の「高校生フォーラム」には33の高校の生徒が参加し、瀬戸内海の環境をテーマにした共同研究やワークショップ、ポスター発表に加えて、企画運営を生徒主体で行った。2018年度から「高校生サミット」に改称しただけでなく、防災の観点も加えて、高校生が探究活動の成果を活かして地域の人々と連携しながら地域の問題に対して「行動」「提言」「貢献」できることが目標とされた。

　2019年度は、7月から12月にかけて、全3回のワークショップ、各学校で生徒が行っている探究成果のポスター発表に加え、瀬戸内海地域の環境・防災に関する共同

研究を行った。共同研究は様々な学校の生徒が共同で課題設定から解決までを行うもので、年3回のワークショップ内だけでなく各学校でも活動を行うことが想定された。筆者は、生徒が「高校生サミット」の目標を意識して共同研究を行うことができるように、そして各学校での取り組みをワークショップ内の短い検討時間で共有することができるように、OPPシートの構成要素を取り入れたワークシートを用いたポートフォリオ評価法の活用を提案した。設計方針として、次の2点を意識した。①グループワークや探究の深まりを自己評価させることで共同研究の到達点と課題を見いだし、次の目標の策定に活かす。②「高校生サミット」の目標である、「地域の問題に対して『行動』『提言』『貢献』できる」ように生徒が変容したかどうかを評価できる表紙を作成し、共同研究の目的を生徒に意識させ、目標に照らして「高校生サミット」の取り組み自体の企画評価を行うことができるように配慮する。

　次に、ワークシートの中身を具体的に紹介しよう。容器としてクリアファイルを用いたポートフォリオには事前に図3の表紙およびワークショップごとの振り返りシートが挿入されている。表紙には、OPPシートと同様に「学習前・後の基本的な問い」と「学習全体を通した自己評価」欄を設けている。「学習前後の基本的な問い」は、「地域の環境を守り、自然災害から人々を守るためにはどうすればいいのか？　あなたは何ができるのか？」であった。また自由に資料を収集させるだけでなく、各ワークショップの際に記入する振り返りシートを用意し、収集すべき内容を方向づけていた。具体的には、ルーブリックをもとにグループワークと探究の深まりについて自己評価を行う欄と探究の成果と課題を記入する欄を設けた。さらに、振り返りシートには各学校の教師と検討会を行った際の内容と気づきを記入する欄を設けた。検討会に用いる資料として、教師は生徒が自己評価で用いるルーブリックに生徒を評価し、生徒の自己評価と突き合わせ、成果と課題や今後の活動を検討する資料としての活用を想定した。

　ある生徒は、「高校生サミット」前後の問いへの回答を比較して、「高校生サミット」参加前は各個人がやるべき取り組みに注目していたが、参加後は、災害時の相互扶助といった、「人と人とのつながりを大切にする」内容に変化していたことを省察している。また別の生徒は、参加前も後も、問題や解決策を多くの人々に対して発信するという点は変わらないが、参加後は他者に伝える以前に自分が問題をより理解する必要があることを認識したと振り返っていた。このような記述の質の変化は、「高校生サミット」の意義の明証であり、取り組みの説明責任を果たす上でもポートフォ

図3　2019年度「高校生サミット」ポートフォリオの表紙とワークショップごとの振り返りシート

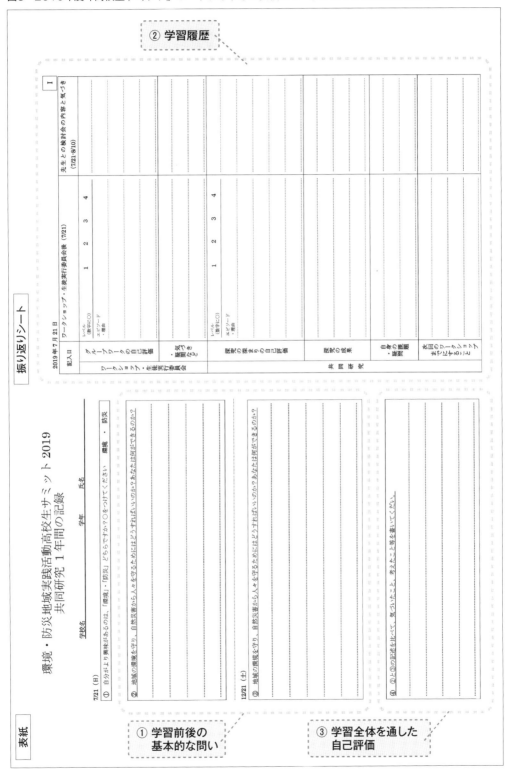

リオが大きな役割を果たしたと言えよう。

　本章では、ポートフォリオ評価法とOPPAの意義と活用のポイントを紹介した。ポートフォリオ評価法の意義を最大限に活かすには、まずポートフォリオ評価法を用いる目的を明確にし、これに応じてポートフォリオを設計し、ポートフォリオを活用する場面を取り入れた指導計画を立てる必要がある。また、今回紹介したOPPAで用いられるOPPシートの構成要素は、ポートフォリオに収めるワークシートを設計する上でも、参考になるものである。

　OPPAは、知識の獲得や生徒の学習前後の変容を捉え、学習内容に迫る振り返りや自己評価を促す目的であれば、ポートフォリオよりも手軽にかつ効果的に用いることができるだろう。高大接続やキャリア教育の文脈で活用が求められているポートフォリオについても、その目的を考え授業のなかで活かす場面を作っていくことで、単なる作業・資料集めに矮小化せず、生徒の自己評価や教師の授業改善に資する、ポートフォリオ評価法として活用していくことができるだろう。

〈注〉

(1) 西岡加名恵『教科と総合に活かすポートフォリオ評価法』図書文化、2003年、p.52。

(2) 「キャリア教育に関わる活動について学びのプロセスを記述し振り返ることができるポートフォリオ的な教材」として提起されたもので、記録活動だけでなく記録を用いた学習を行うことを求めている。文部科学省初等中等教育局児童生徒課「『キャリア・パスポート』の様式例と指導上の留意事項」2019年3月29日。

(3) 例えば、堀哲夫・西岡加名恵『授業と評価をデザインする理科』日本標準、2010年、堀哲夫『新訂一枚ポートフォリオ評価』東洋館出版社、2019年。

(4) 前掲『教科と総合に活かすポートフォリオ評価法』、pp. 94 - 245を参考に筆者作成。

(5) 京都大学教育学部の特色入試では、中学・高校時代に取り組んだ「学び」の活動を成果資料とともに提出し、その活動の意義を省察して記述することを求められる（京都大学教育学部特色入試（2020年7月1日確認）〔http://tokusyoku.educ.kyot o- u. ac. jp/〕）。西岡加名恵「『主体的・対話的で深い学び』とパフォーマンス評価」石井英真他編『小学校　新指導要録改訂のポイント』日本標準、2019年、p.37。

(6) 同上。

(7) 前掲『新訂一枚ポートフォリオ評価』p. 35。

パフォーマンス評価の実践事例集

1・国語科のパフォーマンス課題（1）

「実社会につながる、ことばの学び」
—— 新科目「現代の国語」の
単元「CM企画をプレゼンしよう」を通して——

福井県立若狭高等学校　渡邉 久暢

　2018年の学習指導要領改訂に際し、「実社会における国語による諸活動に必要な資質能力の育成に主眼をおき、全ての生徒に履修させる共通必履修科目」として「現代の国語」が新設された。国語科の本質に関わり、それゆえに領域を超えて実社会においても発揮される能力となりうる、国語科ならではの「ものの見方・考え方」を指導し評価することが求められている。

　それにもかかわらず、この「現代の国語」は「実社会における」という文言にばかり注目を集めた結果、ややもすると「知識・技能（たとえば、主張と論拠の関係）」や、「思考力・判断力・表現力（たとえば、論理的に考える力）」として実用的な言語スキルを個別に取り出し、形式的に練習するような学習が組織されるおそれがある。しかし、それでは「主体的に学習に取り組む態度」につながる「メタ認知」や「批判的精神」等の高次の学力の育成はもちろん、「実社会につながる、ことばの学び」となることは、期待できない。実社会を生きる高校生自身が「わがごと」として考えたくなるような、ほんものの課題＝真正の課題のもと、ほんものの学習活動を組織することが求められる。

　そこで本単元では、自校の学校長から新入生募集のために「自校のPR用WebCM」の作成を依頼されたという設定のもと、「CM企画を校長にプレゼンテーションしよう」をパフォーマンス課題とする流れを組織した。本校は学校祭や合唱コンクールなどにおいて学年縦割りの活動を組織することが多く、未来の仲間となる新入生募集についての生徒の関心は極めて高い。したがって、この課題は「わがごと」として生徒が真剣に取り組むことを期待できる、ほんものの課題であるからだ。もちろん「自校の魅力発信を積極的に行い生徒募集につなげたい」という、現実社会で大人が直面する課題でもある。

　あらかじめ断っておくが、良いCMを作ることを目的とした単元ではない。CM企画をプレゼンテーションする活動を通して、「話す力」を培うための単元である。た

だし、話す力は、「アイコンタクトの練習をしよう」とか、「昨日一日で楽しかったことをラベリング、ナンバリングを用いて話してみよう」等の内容を伴わないドリルによって育むことは難しい。石井が「知識を活用したり、創造する力は、[中略]、学習者の実力が試される、思考しコミュニケーションする必然性のある文脈において共同的で深い学習に取り組む中でこそ育てられる。」[1]と述べるとおり、真正の課題のもと、真正の学習に取り組むことが重要となる。

1. 単元目標と評価方法

　筆者が単元目標設定の際に最も重視するのは、目の前にいる担当生徒の状況である。「話す力」に関して言えば、現在最も課題であるのは、主張−論拠−根拠という型に照らした主張の組み立て方に関する吟味のあり方である。ここでいう論拠とは、「主張がなぜ成り立つかを説明するための根拠と理由付けのことであり、根拠のみならず、主張が妥当な理由付けに支えられていることを示すもの」（2018年学習指導要領解説より）を指し、根拠とは論拠を支える事実・データ・情報である。なお、理由付けである論拠には、その人が暗黙に前提とするものの見方・考え方が入り込むことが多い。

　本校の生徒は論拠を意識することに課題がある。本校はSSH指定校であり、探究学習の成果をプレゼンテーションする機会も多くあるが、論拠に乏しい発表も見られる。たとえば、アンケート調査を分析したデータを根拠に、論拠を暗黙の前提としたままで主張を行ったりしている。このような主張を行っている限り、論拠に含まれる自身のものの見方・考え方が検討の俎上に上がることはない。主張を構築する際に、論拠を明示して対象化し、自身のものの見方・考え方を粘り強く問い直し高めていくことが、話す力ひいては「メタ認知」や「批判的精神」の向上に寄与すると考える。

　筆者はこれまで、国語科の授業中にノート指導や口頭での指導を通して、幾度となく主張−論拠−根拠という型に照らして自身の主張を吟味することを促してきた。「書くこと」の能力育成を目標とした単元を中心にその指導を行ってきたが、本単元ではこれまでの指導を踏まえて「話すこと」の能力育成を目標とする。プレゼンテーションでは、主張−論拠−根拠という骨組みを持つメッセージを聞き手に向けて効果的に再構成する必要があり、自然な文脈の中で主張−論拠−根拠という骨組みやその内容をより対象化して吟味しやすいからである。またプレゼンテーションには質疑応答があり、論拠についても即興的に問われる。それゆえ生徒には、発表に向けて論の

組み方を練り上げるだけではなく、質疑を意識して、自身のものの見方・考え方を粘り強く問い直し高めていくことも期待できる。

そこで本単元では、次のような「本質的な問い」と「永続的理解」を設定した。

● 「本質的な問い」：目的や場に応じたプレゼンテーションを行うには、どうすればよいか。
● 「永続的理解」：目的や場に応じたプレゼンテーションを行うには、「何のために話すのか」という、話す目的を発表者自身が把握するとともに、聞き手の「聴きたいこと」は何かを予想して、それに応じた内容を話すことが重要である。また、広く多様な観点から集められた情報を、妥当性・信頼性を吟味したうえで根拠として示しつつ、主張を行うことが有効である。

また、生徒たちには、以下のパフォーマンス課題を提示した。

● パフォーマンス課題「若狭高校PR用WebCM企画を校長先生にプレゼンテーションしよう」

　あなたは、WebCMプランナーです。若狭高校校長から「学校PR用のWebCM」を作成して欲しいという依頼を受けました。中学生の本校志願者を増やすことに貢献するWebCMの作成企画案を校長にプレゼンテーションすることがあなたの目的です。4〜5人の構成員からなる、班ごとに企画案を練り上げ、プレゼンテーションを行ってください。

　あなたは、1 誰をターゲットにするのか。2 なぜそのような内容・構成のCMにするのか、について、校長に納得いく提案を行わなければなりません。提案は教室において、他の提案者のいる中で、校長に口頭で行います。図や表、動画を提示することは可能です。校長に6分で説明した後に、4分間の質疑応答時間を設けます。

　評価は、以下の5つの観点に基づき行います。

　　　ア 根拠となる情報の収集・吟味　　イ 論拠と主張
　　　ウ 構成・話し方・発表分担　　エ 補助資料　　オ 質問への回答

2.　単元の流れ──学習課題と総括的評価課題の統一化を狙って

　単元は全4次、9時間の単元として組織した（表1参照）。単元の冒頭に示された学習課題としてのパフォーマンス課題が、総括的評価の課題としても機能している。言葉を換えれば、単元自体が総括的評価になっていると言って良いだろう。もち

ろん学習課題と総括的評価課題が共通だからといって、教師が指導を控えるわけではない。

　本単元で最も大事になるのは、パフォーマンス評価を行う３次（２時間）である。ここでは真正性を担保するため、依頼者として設定した学校長に実際に評価を依頼した。さらに４分の質疑応答の場面では、少し厳しめの質疑を行うよう依頼した。このように評価の場面を充実させることが、パフォーマンス課題を総括的評価の課題として充実させる際の鍵となる。

表1　単元の流れ

次	時配	概要	主な学習活動
1	1	学校長からのCM企画依頼を受け、アイディアを整理する	■プレゼンテーションに関する原則の確認 　プレゼンテーションの語源は「プレゼント」。聞き手に贈り物を届けるイメージを大事にすること。聞き手が欲しいものを届けること。聞き手の立場を推し量って内容を作ること。等を確認。 ■校長からのCM依頼（若狭高校への進学を希望する中学生の増加を図りたい） 　なぜ、CMを作るのか、どんな生徒が欲しいのか等のCM作成における要望を校長は生徒に伝える。 　その際、**最終プレゼンにおける評価基準表を提示**。なお、CMは15秒。若狭高校のHPに掲載。 ■アイディア出しと、整理 　ブレーンストーミングの形式で個人ワークで考えた後、グループでポストイットを使い、整理
	1	人気CMの秘密を探り、CMの評価規準を考える。	■カップ麺のターゲットを考える（食べる人だけがターゲット？） 　カップ麺のCMを流し、このCMが誰に対して訴えているものかを考える。カップ麺を食べそうな、高校生・大学生だけではなくて、それを買い与える主婦層をもターゲットとして考えている。 ■好感度ランキング上位のWebCMを見ながら、人気の理由を考える 　見せるCMは、当月度好感度上位のCM３本。一本ずつについて、「そのCMの良かったところ」を確認し、グループメンバーで意見を交換する。 ■良いCMとは何か、の規準を考える ■校長からの依頼を再度確認し、ターゲットやCMコンセプトを決める 　班内で、校長の依頼を再度共通理解。その後、依頼に沿った形でのCMのターゲットやコンセプトを考える。
	1	ストーリーボード作成	■CMのストーリーボードを、作成する 　※「若狭高校」のイメージから想像できるキーワードを可能な限り広げ、そこからターゲットを絞り込む。

2	3	プレゼンテーションの準備	▨プレゼンテーションに関する知識・技能の確認 「PREP法」や「DESC法」等の構成に関する知識・技能、アイコンタクト、ラベリング、などの話法に関する知識・技能、資料作成に関する知識・技能等を確認する。 ▨プレゼンテーション評価のポイントの再確認 評価基準表に示された5つの観点をふまえて、プレゼンテーション資料を作成する。 特に「主張を支える根拠と論拠」を充実させることについて、指導する。 質疑応答に関する想定問答も考えさせる。 ▨企画プレゼンで使用する企画書とポスター or パワーポイントを作成する A0サイズの紙にポスターで示すか、パワーポイントで提示するかを選択させる。 企画書はPDFにて提出する。 ▨録画し、改善点を探る プレゼンテーションがある程度できあがった段階で、タブレットに録画し、改善点を探る。
3	2	プレゼンテーションと自己評価・他者評価	▨プレゼンテーション 1 誰をターゲットにするのか。 2 なぜそのような内容・構成のCMにするのか を中心に、校長に提案を行う。6分のプレゼンテーションの後に、4分間の質疑応答時間を設ける。 ▨評価基準表に従って、自己評価・他者評価を行う。 発表後に、発表者は自己評価、校長、聴衆は他者評価を「評価表」に従って行う。 評価表には、評価基準表に加え一言コメントの欄を設ける。 ▨録画映像に基づく、ふりかえり（宿題） 各班の発表を録画した映像を、クラウド上におき、自班の発表に関するふりかえりを書いてくる。ここでは、細かく観点を設けず、自由に感じ考えたことを、なるべく多く書いてくるよう、指導する。
4	1	ふりかえり	▨ふりかえりに基づき、考えを交流する 発表直後の自己評価、他者からの評価、家庭で書いてきたふりかえりに基づき、まず自班にて考えを交流し合う。 ジグソー法を用いて、他班のメンバーと交流し、再度する。交流後に再度自班にて気づきを交流し合う。 ▨交流を終えてのふりかえりを書く（以下の2点を指示し、翌朝提出させる） 1 今後自分が良いプレゼンテーションをするには、どうすると良いか。自分へのメッセージを書く 2 ふりかえりを交流して、感じ・考えたことを多く書く。

3. 生徒の学びの実際をルーブリックの観点に基づき検討する

　それでは、実際の生徒の学びはどのようなものであったか。3次に行ったプレゼンテーションと、4次に書かれたふりかえりの記述を、表2で示したルーブリックの観点ア・イ・ウに絞って分析していこう。

　まず観点ア「根拠となる情報の収集と吟味」については、ほとんどの生徒が中学生やその保護者にアンケート調査を行った上でCM企画を練り上げていた。中には、若狭高校1年生にもアンケートを実施し、若狭高校への進学を迷っていた生徒をあぶり出した上で、その生徒が、若狭高校を選んだ決め手となった理由をインタビューするなど、多様な観点や方法により情報を集め、CM作りに活かした班があった。

　しかしながら、観点イ「論拠と主張」については不十分な発表が多かった。また、生徒が第4次に行った、ふりかえりの記述においても、主張−論拠−根拠それ自体を問い返し練り上げていく方向性のものはあまり見られなかった。たとえば「論拠と主張」に関するふりかえりの記述としては、「アンケートに基づいていたり、しっかりとした結果があることをポイントにすると、理解しやすく、確実な証拠で、効果的だなあと思う。」「なぜ今回みたいな絵コンテになったかと言う過程の説明では、アンケート結果から自分達が考えたことをしっかり伝えられたように思う。」等の記述が見られ、根拠データを示すことについての自覚は高まっているものの、論拠を対象化して吟味するには未だ課題があった。

　反対に、観点ウ「構成・話し方・発表分担」に関する工夫として、主張を伝達する効果を即時的に高めることは、多くの生徒が意識していた。ふりかえりの記述でも「しつこく言うこと。インパクトのある絵より、しつこく言って頭に焼き付けた方が早いと思った。」「1文1文を簡潔に構成したい。こうすると、プレゼンする側も話しやすいし、される側も聞き取りやすくなって、理解度がUPするはず。実際4班のプレゼンがそうだったので見習わなくては。」など、主張を伝えるための工夫である。

　以上のことは、主張−論拠−根拠それ自体を問い返し練り上げていく指導が不十分だったことを意味する。ただし、生徒たちが作ったCMやプレゼンテーションは実に多様であり、教師の意図を超えて試行錯誤しているものもあった。その中には、CMテーマを決めるプロセスをプレゼンテーションの冒頭で述べているものもあった。そのようなプレゼンテーションに対して、「プレゼンの構成を考えると、CMテーマを決める経過を先に話した方が順序が良かった。どんなCMやったら、先に言った方が

表2　プレゼンテーションを評価するルーブリック

		5	4	3	2	1
ア	根拠となる情報の収集と吟味	広く多様な観点から集められた情報を、妥当性・信頼性について吟味した上で、根拠として示している。	妥当性・信頼性について吟味された情報を、根拠として示している。	情報を根拠として示しているが、その妥当性・信頼性は吟味されていない。	根拠は示しているが、情報収集の成果によるものではない。	主張を支える根拠を全く示していない。
イ	論拠と主張	主張が、根拠だけでなく、説得力のある理由付けに支えられて説明されている。	主張が、根拠だけでなく、妥当な理由付けに支えられて説明されている。	主張を支える根拠に、理由付けが添えられているが、その妥当性がわかりづらい。	主張を支える根拠に、理由付けが添えられているが、その妥当性に欠ける。	主張が理由付けによって支えられていない
ウ	構成・話し方・発表分担	発表の目的や、聴き手の特徴、提案する内容をふまえた上で、発表の構成や話し方、発表分担等を工夫したことによる、大きな成果がある。	発表の目的や、聴き手の特徴、提案する内容をふまえた上で、発表の構成や話し方、発表分担等を工夫したことによる成果がある。	発表の目的や、聴き手の特徴、提案する内容をふまえた上で、発表の構成や話し方等を工夫している。	発表内容の構成や話し方を工夫しているが、発表の目的や、聴き手の特徴、提案する内容とは合っていない	発表内容の構成や話し方を工夫したことがわからない。
エ	補助資料	発表の目的や、聴き手の特徴、提案する内容をふまえた上で、形式や媒体を工夫した補助資料を主張と関連させて用いることによる大きな成果がある。	発表の目的や、聴き手の特徴、提案する内容をふまえた上で、形式や媒体を工夫した補助資料を主張と関連させて用いることによる成果がある。	発表の目的や、聴き手の特徴、提案する内容をふまえた上で、形式や媒体を工夫した補助資料を主張と関連させて用いている。	補助資料を用いているが、発表の目的や、聴き手の特徴、提案する内容とは合っていない。	補助資料は、特に準備していない
オ	質問への回答	聞き手の質問の意図に沿った回答を、適切な論拠に基づき行う。	聞き手の質問の意図に沿った回答を,根拠をあげて行う。	聞き手からの質問に回答しているが、聞き手の意図には合致していない。	聞き手からの質問には、「はい、いいえ」「わかりません」などの基本的な回答しか返ってこない。	聞き手からの質問に対して、ほとんど答えない。

いいか、考えた方が良いと思った。」という他者評価もあった。主張-論拠-根拠という骨組みやメインとなるテーマを決めるプロセスを振り返らせることの意義を感じることができた。

4. 実践を振り返って

本単元は2004年に筆者が初めて実践し、2006年に再構成して追試した単元を、新科目「現代の国語」の目標や内容、Withコロナとなる2020年の社会状況をふまえて新たに作り替えたものである。プレゼンテーションは、Zoom等のオンライン双方向アプリで行うことも可能だ。評価者を、校外の専門家に依頼することもアプリを用いれば容易にできる。本実践をさらに改善するためには、主張-論拠-根拠という骨組みやメインとなるテーマを決めるプロセスを振り返らせるとともに、表3のルーブリックに基づき、その振り返りを対象化して「主体的に学習に向かう態度」を評価することが求められる。本単元の構想が、新科目「現代の国語」実践の充実に貢献できれば幸いである。

表3　主体的に学習に向かう態度を評価するルーブリック

5	4	3	2	1
「目的や場に応じたプレゼンテーションを行うにはどうすればよいか」に関する課題を、自身のものの見方・考え方を問い直しながら自律的に設定した上で、その解決に向けて持続的に追究し、課題設定のサイクルを回転させようとしている。	「目的や場に応じたプレゼンテーションを行うにはどうすればよいか」に関する課題を、自身のものの見方・考え方を問い直しながら自律的に設定した上で、その解決に向けて持続的に追究しようとしている。	「目的や場に応じたプレゼンテーションを行うにはどうすればよいか」に関する課題を、自身のものの見方・考え方を問い直しながら自律的に設定し、追究しようとしている。	「目的や場に応じたプレゼンテーションを行うにはどうすればよいか」に関する課題を追究しようとしている。	「目的や場に応じたプレゼンテーションを行うにはどうすればよいか」に関する課題を追究しようとしていない。

〈注〉

(1) 石井英真『今求められる学力と学びとは——コンピテンシー・ベースのカリキュラムの光と影』日本標準、2015年

評論を読むとはどういうことか
── 鷲田清一「〈顔〉という現象」──

大阪府立生野高等学校　河田 良子

　授業によって生徒たちに「何を学ばせるのか」「どのような力をつけるのか」を考えることは、授業者自身の教育的価値観と切り離せない。私自身は、「おもしろい生徒」を育てたいと思っている。その「おもしろい生徒」には、切実な問いをもち、その問いをもとにものごとを見ようとする力と姿勢を有していてほしい。だから、私は、国語科の授業でも、問いをもち、その問いをもとに、対象となるものごとを見ようとする一連の営みを大事にしたいと考えている。

　本実践は、前任校である大阪教育大学附属高等学校天王寺校舎で、2018年の秋、1年生を対象に行ったものである。生徒には、年間をとおして継続的に「文章を読み、その文章から自分の問いをもち、問いをもとにして、自分の考えをまとまった文章に書き表す」というパフォーマンス課題に取り組ませていた。考査ごとに、授業で扱った文章から出題する「小論文考査」を行い、20点を配点する形である。

1. 単元目標と評価方法

　本単元は、鷲田清一の評論「〈顔〉という現象」[1]を中心教材として実践したものである。「〈顔〉という現象」において鷲田は、街中の広告やポスターの顔、また大人が感情を便宜的に表現するときの「対象として見られる」記号的な顔面を、他者を交換不可能な存在として認めて呼びかける切迫的な〈顔〉と区別している（〈顔〉はパーツとしての顔に限らない）。そして、テレビの日常生活への浸透による「（像としての）顔の過剰が（呼びかけとしての）〈顔〉を過少にしているのだ。そういうじれったさが、〈顔〉への渇きとなって、今いろいろな場所で現れ出ているのだろう」と文章を結んでいる。

　授業では、本文の中心的な考え方である「〈顔〉と顔面」の違いを図示しながら読み取らせたうえで、鷲田のいう「〈顔〉への渇き」についての自分の意見を、文章にまとめさせた。

　本単元の「本質的な問い」と「永続的理解」は、次のとおりである。

● 「本質的な問い」：評論を読むとはどういうことか。
● 「永続的理解」：評論を読むとは、ことばを手がかりに筆者の考えを的確に理解する
　　　　　　　　とともに、書かれた内容と自分自身や社会とのかかわりを問い、筆
　　　　　　　　者の考えに対する自分の考えをもつことである。

　また、生徒たちには以下のようなパフォーマンス課題を課した。前述のように、彼
らには年間をとおして継続的に「小論文考査」を課しており、本課題はそのひとつで
ある。課題の性質上、架空の状況を想定したものというよりは、高校生としての自分
が、普通の授業をとおして考えたことを授業者（および同級生）に書く、という性質
のものである。

● パフォーマンス課題「小論文考査」
　　「〈顔〉という現象」中の、「〈顔〉への渇き」について、あなたはどのように考え
　るか。六百字以上八百字以内で書け。評価は、以下の五つの観点によって行う。
　　　　「課題文を的確に読み取っているか」
　　　　「本質的で切実な自分の問いがあり、それをもとに結論が書けているか」
　　　　「学究的・独創的・現代的な視点から課題にアプローチしているか」
　　　　「首尾一貫した、広がりと深まりのある考察ができているか」
　　　　「日本語を使いこなしているか」

2. 単元の流れ

　本単元（全5時間）の流れは、以下のとおりである。

第1次　鷲田清一「〈顔〉という現象」を読む
　　第1時　本文を通読し、「私に応答してくれない抽象的な顔」がどのようなものかをつかむ。
　　第2時　筆者の考える「〈顔〉と顔面の違い」を、図示しながら読み取る。
　　第3時　他者を交換不可能な存在として認め、呼びかける〈顔〉が貧しくなったという筆
　　　　　　者の主張を読み取る。
第2次　「〈顔〉への渇き」について、自分の考えを書く
　　第4時　「〈顔〉への渇き」について、自分の考えを書く（小論文考査）
第3次　すぐれた小論文のよさを知る
　　第5時　すぐれた小論文を読み、そのよさを知る

　第3次については、特に、獲得させたい永続的理解や、生徒に示した「5つの観
点」に即していくつかの作品を授業者が選び、順に紹介しながらそのよさを指摘する
形で行った。この過程が、次のパフォーマンス課題に取り組むときの、作品の質の向

上に大きくかかわると考えているからである。

3. 図化をとおした内容把握

　この課題では、生徒が自分の意見をもつ前提として、筆者のいう「〈顔〉と顔面の違い」を的確に把握することが不可欠である。そこで、班ごとに本文の内容を図示させることで、それぞれの読みを確認できるようにした。図化に用いたホワイトボードは、班ごとに携帯電話の写真送信機能[(2)]で授業者に送らせ、クラスごとに一枚の紙にまとめて配布した。

　印象的だったのは、「〈顔〉と顔面の違い」をある班は対比でとらえ、別の班は包含関係でとらえていた点である。前者に理由を問うと「本文の『そういう迫りくる〈顔〉を、対象として見られる顔面から区別しておこう』という部分から、対比としてとらえた」と答え、後者は「本文の『私たちはもともと身体全体が〈顔〉であったのに、いつからその存在の表情が顔面へと収縮してしまったのか』という部分と、『迫りくる顔の経験も、表情を微細にやりとりする経験も、知らぬまにとても貧しくなってしまったらしい』という部分から、〈顔〉が顔面に収縮したと考えた」と答えた。これらはいずれも本文の読みに即したものであり、両者の発言から「〈顔〉が身体全体からパーツとしての顔に収縮するとともに、その切迫性も失われて『顔面』となり、結果として〈顔〉と『顔面』がまったくの別のものになってしまった」という筆者の考えを確認できた。

　パフォーマンス課題である「小論文考査」は、この読みをもとに行ったものである。

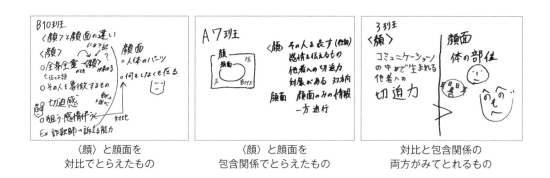

〈顔〉と顔面を
対比でとらえたもの　　　　〈顔〉と顔面を
　　　　　　　　　　　　包含関係でとらえたもの　　　　対比と包含関係の
　　　　　　　　　　　　　　　　　　　　　　　　　　　両方がみてとれるもの

4. ルーブリックと生徒の作品例

　小論文考査は、「事前に小論文で問う内容の候補（複数）を予告する」「教科書と

ノートのみ持ち込みは可とする」という条件のもと、45分間で行った。次に、生徒作品の一例を示す。

〈生徒Aの作品〉

　筆者によると、テレビが普及した二十世紀後半に人々は顔を見ることに慣れてしまい、〈顔〉を見たり見せたりすることが減ってしまったという。〈顔〉というのは人と人とが直接触れ合うときに生まれるもので、要は人と人とが関わるときに顔面の表情からしか、感情を読み取ることができなくなってしまったということだろう。

　では、筆者のこの文章が書かれてから二十年余り経った今、〈顔〉の現象はどうなったのだろうか。

　一人電車に乗って帰っている途中、車内の様子を伺うと、車内の人々はある小さなハイテク機器に夢中だった。スマートフォンである。この機器は二十世紀終わりのテレビと同様、我々の日常生活にあっという間に侵入してきた。このスマートフォンは、人々に大いなる恩恵を与えたとともに、ある社会問題を引き起こした。人々はコミュニケーションの機会をうばわれ人とかかわることが難しくなり、軽度のコミュニケーション障がいになった。

　僕自身、友達と遊びに行ったり、隣で昼食をとったりしているときに、それぞれがほとんどの時間を自分のスマートフォンに顔を向けていたという経験がある。

　筆者は誰か特定の人への体を使った感情の表現、つまり〈顔〉が渇いていると述べていた。僕は、それに加えて顔面さえも渇き始めていると考える。

　人々が魅力を感じるスマートフォンと共に過ごす時間は、家族や友達と会話する時間より多いといっても、あの電車の様子やたくさんの下向きの顔を見ると、過言ではないだろう。

　これからどんどん発展していく世の中で、いつか他人と話すことは全くなくなるかもしれない。その中で我々が他人と関わろうと思うかどうかは、これからの人々のコミュニケーションに大きく影響してくるだろう。

　評価は、p.59のルーブリックで行った。各観点を5段階で評価し、上段の文言は年間をとおして共通のもの、下段の文言は各パフォーマンス課題に応じたものとした。本課題では、「授業をもとに本文の内容をおおむねつかんでおり、筆者の考えに準じる形で自分の意見を述べた作品（「筆者は……と考えているが、私もそう思う。なぜなら……」のようなもの）」を、5段階中の真ん中の評価（20点中の、11点から12点になる）とし、そこから観点ごとに、すぐれたものを高く、もの足りないものを低く評価した。

　たとえば、生徒Aの作品については、第2次で確認した「〈顔〉と顔面の違い」をもとに、本文の書かれた時代との違いを問う形で、「現代は〈顔〉のみならず『顔面』

まで失われつつある時代ではないか」と指摘した見事さを「本質的で切実な自分の問いと結論」として高く評価した、というぐあいである[3]。

5. 実践を振り返って

　本実践で行ったものを含むパフォーマンス課題は、年間をとおして同じルーブリックで評価した。生徒は自分の作品について、同じ観点で継続的に授業者からの評価を受けるとともに、課題ごとの「すぐれた作品の紹介」によって、「高い水準の結論」や「書き手の問題意識」などの具体的なありようを知り、次の課題に生かす。回を重ねるごとに生徒たちは、「まあ俺は『アプローチ』タイプやからな」や、「あー今回『飛躍』してしまったわ!!」などと、ルーブリックの文言を用いて自身の傾向を語ったり、作品を自己評価したりするようになった。また、授業中に「ここは小論文に出そうやなあ」と発言する生徒も出てくるようになった。「掘り下げられそうなところ」「問いをたてられそうなところ」についての感覚が育った（顕在化した）のだと思え、嬉しくなったことを覚えている。

　さて、いわゆる講義型授業に比べれば、パフォーマンス課題を取り入れた授業を行うのは、やはり少しはたいへんだ。また、それを評価せねば、と思うと、なんとなく腰も引けてしまう。一方で、最近は、もう少し単純に考えて、生徒と一緒に教科を楽しめるような課題が「パフォーマンス課題」なのであり、生き生きとした生徒の姿やきらりと光る作品を見て、教科の専門家として「これは素敵だ」と思う瞬間をとらえようとするのが「評価」なのだとも思うようになった。また、そういう「評価」の経験や、「評価」についての議論の蓄積が、それぞれの教科観や教育的価値観の成熟にもつながるのだと思う。

　本実践で用いたルーブリックは、2015年度から用いながら改訂を繰り返してきた「暫定版」である。今後も実践の中で活用しつつ、周囲の学校の先生方にもご意見をいただきながら、私自身の教育的価値観の更新とともに、見直しをしていくつもりだ。

〈注〉

(1) 東京書籍『国語総合　現代文編』収録

(2) iPhoneの「AirDrop」機能（連絡先を交換せずに写真を送ることができる）で授業内に送らせ、「CamScanner」（斜めから撮影した書類の画像をもとの四角形に直し、文字が読み取りやすいように加工するアプリ）で修正した。

(3) 「考察の切り口・アプローチ」がすぐれたものとして、たとえば、〈顔〉とAIを関連させ、人類がロボット化する危惧を述べようとしたものや、レヴィナスの「私中心の世界」という概念を用いて〈顔〉を考察しようとしたものがある。いずれも処理しきれていない部分はあるが、この観点をルーブリックに入れたことにより、本文全体の一貫性や、結論の水準とは別の形で、チャレンジングなアプローチを評価することができた。

	具体的な特徴				
	課題文の的確な読み取り	考察の切り口・アプローチ	考察の進め方・一貫性	「本質的な問い」と結論	言語技術
	評論ならば、内容や筆者の立場、本文特有のことばなどを文脈に即して読み取る力。文学ならば、内容や登場人物の置かれた状況や心情、主題などを読み取る力。	出題内容について考察するための適切な切り口（アプローチ）を選ぶ力。	情報収集・適切な位置づけ比較、分類、順序だて等の思考スキル活用力考察の一貫性・広がりと深まり。	「△△する／□□であるとはどういうことか」「人はなぜ◇◇か」など、本質的で切実な問題意識と、保留や矛盾を含む自分の考えを、まとめる力。	日本語を使いこなしているか。

評価

	課題文の的確な読み取り	考察の切り口・アプローチ	考察の進め方・一貫性	「本質的な問い」と結論		言語技術
A 秀逸	課題文を的確に読み取ることができており、自分の論に必要な部分を過不足なく表現している。	学問的な知見や現代的または普遍的な課題、問題意識を切り口に考察している。	情報を効果的に示しながら、一貫性をもって明快に論を展開している。また、その展開に知的な驚きがある。	本質的で切実な自分の問いと、高い水準の結論を、いずれも簡潔明快に述べている。	A 優れている	自分の考えが効果的に伝わるよう、各段落の役割を明確にし、構成を工夫して、理路整然と論じている。ことばを駆使して、印象的で誤解のない文章を書いている。
				筆者の〈顔〉や「〈顔〉への渇き」の定義自体への問いや、筆者の論をふまえた新たな問いについて、自分の考えを述べている。		
B 的確	課題文を的確に読み取っている。	社会や時代、書き手の経験からくる問題意識を切り口に考察している。	必要な情報を適切に示している。一貫性をもって明快に論を展開している。	本質的または切実な自分の問いと、適切な結論を、いずれも述べている。	B できている	自分の考えが適切に伝わるよう、各段落の役割を明確にし、構成に留意して論じている。ことばを適切に使って、誤解のない文章を書いている。
	「〈顔〉は、特定の誰かへの切迫力をもった働きあり、メディアによって〈顔〉による双方向のコミュニケーションができなくなっている」という筆者の考えを理解している、など。			"「〈顔〉への渇き」に対してわれわれはどうすべきか"、"「〈顔〉への渇き」が社会に現れている場面"などについて自分の考えを述べている。		
C 無難	課題文のおおまかな内容を誤解なくつかんでいる。	単純化した社会構造や時代状況、それらとかかわる自身の経験などを切り口に考察している。	必要な情報をおおむね適切に示している。内容相互の関連や全体の一貫性に課題は残るが、結論への道筋を述べている。	自分の問いがあり、説明／処理しきれていない部分はあるものの、結論を導き出そうとしている。	C 許容範囲	各段落の役割や構成を意識してはいるが、適切でない部分がみられる。文法や語法の間違いがあるなど、多少読みづらい部分がある。
	「本来の〈顔〉によるコミュニケーションができなくなっている」という筆者の考えを理解している。			"〈顔〉とは何か"、"「〈顔〉への渇き」とはどういうことか、なぜ起こっているか"などについて、筆者の考えに準じて述べている。		
D 稚拙	課題文をやや誤読している。	主に自分の経験、断片的な知識など、卑近な手がかりから考察している。	情報の適切でない示し方や、やや飛躍している部分がある。着眼点と論じたい内容の関連が薄い。	自分の問いをはっきりとは書いていない。または、根拠なく断じる、全ての価値を等しく認める、極言するなど、安易な結論にとどまっている。	D 要改善	考えをまとめきれていないものの、段落の役割や構成して論じようとしている。文法や語法の間違いなどにより、内容の理解が妨げられている。
	〈顔〉と顔面（＝応答しない顔、記号的な顔）の区別があいまいである、など。			"〈顔〉とは何か"、"「〈顔〉への渇き」とはどういうことか"などについて、課題文をまとめる形で述べている。		
E 荒唐無稽	課題文を、擁護不可能なほどに誤読している。	課題文に対する書き手のアプローチが読み取れない。	情報の不適切な示し方や、論の明らかな飛躍がある。虚偽の内容を述べている。一貫性がない。	自分の問いまたは結論を書いていない。	E 目に余る	段落の役割や構成への配慮がない。または、表現すべき「自分の考え」が文章から読みとれないため、評価できない。文法や語法の間違いなどにより、内容の理解が困難。
	〈顔〉と顔面の区別がついていない、など。					

各項目のAは4点、Bは3点、Cは2点、Dは1点を与える。Eは点を与えない。

□字数過不足‥‥‥−1点
□未完‥‥‥−1点　　　　　　　　　　　／20

生徒の気付きから始める
── 川上弘美「水かまきり」──

広島県立広島高等学校　小笠原 成章

　右図は、ある生徒が学年当初の授業で書いた「国語力向上」のマインドマップである。生徒には国語力を意識し伸ばそうとしてほしいので、全ての単元を貫く大きな問として「国語力とは何か。どうすればつけられるか」を設定している。

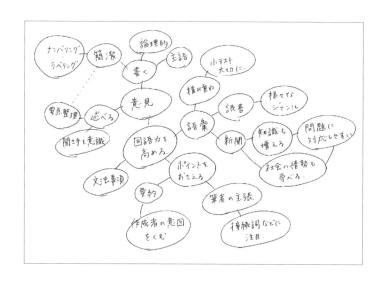

　以下で紹介する単元「水かまきり」は読むことを中心に据えて、改めて本質を考え、生徒が国語力を意識しながら力を伸ばす授業を構成しようとした。パフォーマンス課題を最後に配置したが、全体構成の中にパフォーマンス評価の視点や方法が浸透し拡散しているところがポイントである。「日頃の授業」がゆっくりと確実に変わりつつある。

　読みでは用語や、描写、構成、テーマなど様々な要素を統合し、捉えた全体像をまた細部の読みに戻す。作者や社会背景の理解も影響する。読み手の持つ文化や信条などによって読みには個別性があり、その個人の中でも更新され続ける。読みは本来的に主体と客体や世界のダイナミックな関わりの中に成立するものであるから、教師が「正しい答え」を教えられるようなものではないものの、全ての読みを肯定することもできない。誤読は誤読である。このことについての理解を深めるために、この単元は３つの段階から構成された。①生徒の疑問から出発すること（その生徒にふさわしい問の設定）。②テーマと結びつけながら考察すること（国語的な考え方の発揮）。③習った読み方をパフォーマンス課題で使ってみることの３つである。

1．単元目標と評価方法

　単元の目標（シラバスで生徒に示した、評価の観点及び観点に応じた主な学習達成目標）は、以下の通りである。

- ● 関心・意欲・態度：文学作品の世界観や表現に関心を持つ。
- ● 話す・聞く：自分の意見を話したり、他者の意見を聞いたりして考えを深める。
- ● 読む：登場人物の関係性を理解する。描写から心情を読み取る。作品間の異同から
　　作家像に迫る。

　また、「本質的な問い」「永続的理解」、パフォーマンス課題は次のように設定した。

- ● 「本質的な問い」：文学的文章はどうすれば深く読めるのか。
- ● 「永続的理解」：設定や展開、表現、語りなど、諸要素を関連づけて作品像に迫る。
- ● パフォーマンス課題「教材選定をしよう」　※「神様」を自力で読んだ上で解答する。
　　あなたはこの高校の国語教師です。２年生の教材を選ぶ会議があり、川上弘美の
　　「水かまきり」と「神様」のどちらがよいか問われました。あなたは生徒に「国語
　　力」をつける目的意識からこれに答えようとします。生徒の顔を思い浮かべながら、
　　選択の理由もつけて書きなさい。なお、「両方使う」や「どちらも使わない」という
　　答えもあり得ます。

　さらに単元の流れは下表の通りとした。

第1次	1時	読みの課題発見学習
第2次	2〜4時	読み深め（課題解決）
第3次	5時	パフォーマンス課題と解答の共有

2．単元の流れと生徒の挙げた論点

　第一次ではまず「水かまきり」全体を通読し、個々人で論点シートを書いた。論点シートはB4版を2分割し、上段に作品の全文を印刷した。一望して構成を考えるためである。生徒には該当箇所を示して、記号「？」（分からないところ）、「！」（大切なところ）、「問」（試験問題とその解答）を付して下段に書かせた。まず本文に「ひっかかり」を持てることが、読み深めへのスタート地点である。次に周囲と論点を共有させた。協働作業は多様な切り口を得られるのが強みである。

　また、このシートで生徒の国語力が明らかになる。新鮮な視点に感心することもあ

論点シート（クラスまとめ）

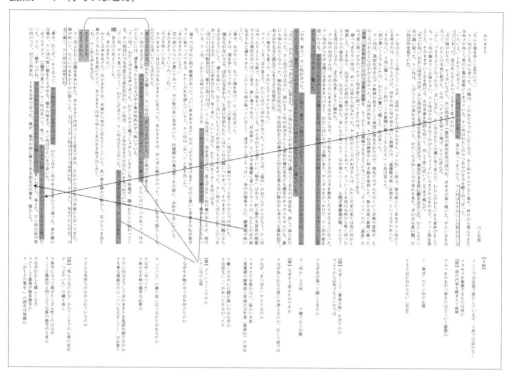

れば、「そんなことも分かっていなかったのか」と驚くこともあるので、授業担当者が個人で教材分析するよりよほど授業が丁寧になるし、豊かにできる。生徒の現状の斜め上に照準を定めるには、「この作品をどう読めているのか」から始めるのが合理的である。シートは１次の終りに回収し、統合した。

　第２次ではクラスまとめの論点シートを使い、議論しながら精読した。それを通して「どう読むのか」を考えていった。

　第３次では比較読みを行った。第２次の読み方を使いながら同じ作者の「神様」を通読し、パフォーマンス課題に取り組んだ。

　下表は生徒が挙げた論点と授業担当者の視点である。生徒の気付きをもとに発展的にファシリテートすることで、深い内容に至ろうとした。

分類	生徒の記述（本稿のために説明を加筆）	授業担当者の視点
設定	？近所の人たちは引退した地元出身の野球選手を、なぜ「ケン坊」と呼び続けるのか。	違和感から始め、考えていくうちケン坊の窮状を発見する。
登場人物	？主人公が誰か分からない。	「主人公はどう定義されるか」について俎上に載せられる。

展開	？どうして最後が風景描写なのか。	予想外の疑問。これを好機に「文学的表現とは」を論じられる。
小道具・情景描写	？カモメが象徴するものは何か。 ？母がようかんをすすめるが、ようかんでなくてよいのではないか。 ！落葉樹の緋寒桜と常緑の万年青（最終行）の対比。 ？なぜわざわざ具体的な社名を書くのか。 ？なぜ水かまきりでなければならないか。 ？後半になって風が吹く描写がたくさんあるのはなぜか。	何を出すも自在な文学作品では、全ての出てくるものに必然がある。「なぜそれを出すことがこの作品にとって必要なのか」は小説の授業での主要な発問である。「出てきたものが、他では替えられないか」を以前扱ったので、同様の問が多いのだろう。「山月記」では虎でなければならなかった。
心情	？ケン坊が「わたし」のみつあみを引っ張るのはどういう感情か。 ？大きなケン坊が戸を開ける音をなぜやさしく感じるのか。 ？優しさなのに口調が強いのはなぜか。 ？なぜケン坊は水かまきりを見ながら「ゆっくり」答えるのか。 ？ケン坊はどうして水かまきりを見詰め続けるのか。 ？水かまきりを見る大事な場面なのにケン坊が「いつも大き」いという描写は必要か。 ？「生きてるなあ」「生きてるねえ」の会話にはどんな気持ちが込められているのか。	小説は心情を読むことが大切である。心情はあからさまには説明されず、何かに託して描写されるので（それが文学的表現なので）、左で生徒が出したような違和感やちょっとした疑問を手掛かりに、細部の表現に着目して読み深めていく。その際常に作品の全体像を参照しながら細部の意味を確定するのが国語的な方法である。なぜこう表現したのか→それがこの作品のためだから→ではこの作品は何なのか、という流れ。
表現	！カタカナを使わない、温かい文体。 ？本作品末尾の「おもとの葉を、揺らした」の読点は強調か。 ？冒頭では会話で改行しているのに、３段で改行しないのはなぜか。 ？会話文に「」があったりなかったりするのはどういう区別か。	上の２つは鋭い感性の発揮である。下２つは書式の不統一を捉えている。いずれも表記レベルの表現の問題。通常の表記にリライトして比較する。この項目に限らず「普通」との対比は重要な切り口である。
批判	？散歩途中の街の描写が詳しいが、必要か。 ？他の生き物の描写は必要か。	直接本筋と関わらない部分を余計と感じるのだろう。これらを含む形で作品の全体像を捉え直させる。
試験問題	問 「ケン坊はかすかにしか笑わなくなった」とありますが、なぜですか。話の内容を踏まえて説明しなさい。【設定】 問 「わたしはぶっきらぼうに答えた」とありますが、なぜそう答えたのですか。説明しなさい。【心情】 問 ケン坊は冒頭「かすかにしか笑わない」が、結末では大きな笑い声をたてます。この間の心情の変化を説明しなさい。【展開】	問題作りは、試験対策ではなく、国語力の一つの側面に絞って読み方や答え方を演習するものである。左は初読時点で作成した設問なので、基本的な読み取りに関するものが並んでいる。問題作成をめぐって生徒と、国語的問と解答について議論ができる。

3. ルーブリックと生徒の作品例

　今回の永続的理解は、方法に関するものなので、評価は知識を得たレベルと本当に使いこなせるレベルに分かれる。この違いは生徒本人には自明であるから、授業では作品評価ではなく内容の共有と議論を行った。次の表は本稿のために整理したものである。

	読む能力	国語力のメタ認知
自立した学習者	本人の読む力で作品を、象徴的表現や言外の意味、構造などまで含め、深く味わえている。【R3】	国語力を分析的に捉え、ある程度体系化できている。【M3】
授業参加者	授業のガイドによって作品を、象徴的表現や言外の意味、構造などまで含め、深く味わえている。【R2】	国語力を構成する要素のいくつかに気が付いている。【M2】
素朴な段階	作品を、ストーリー展開を追って読めている。【R1】	作品の難易は感じるが分析できない。【M1】

〈生徒A作品〉

　推薦するのは「水かまきり」。なぜならば、この作品は大事な場面で肝心なことが書かれていないからだ。例えばケン坊が生きる希望を見出す場面では、ケン坊の歩く速さの変化やつぶやきでそれを表現している。物語の中にあまり起伏がなく、つまらないと思うかもしれないが、読み解いていくうちにカラクリがわかってとても面白いと思う。

〈生徒B作品〉

　推薦するのは「神様」。なぜならば、神様という作品は、生徒が深く思考できる要素が詰まった作品だからです。この話は一見くまと人が一緒に過ごす様子を描いただけのようで、その主題が何なのかは見えてきづらいものです。しかし、じっくりとひとつひとつの情景や心情描写に注意してみることで、その深い意味を持った主題が分かります。自分と異なるものへの潜在的な差別意識という重く大きなテーマを考えるきっかけにもなります。きっと多くの生徒がはっとさせられる主題だと思います。

〈生徒C作品〉

　推薦するのは「両方」。なぜならば、神様はデビュー作なので、作者について理解を進めるには読んでおくべき文章。また物語全体が不思議な設定からなっており、タイトルの意味、「くま」とは何か、テーマは何なのかなど、高校2年生が物語についての考察を深めるにあたって議論が活性化しそうな内容。水かまきりは物語全体が無難な設定からなっており、平坦な文章である。しか

しその中に作者の精巧な描写が多く含まれていたり、授業を通して物語の深さに気づけたりするので、授業で扱う価値のある作品。また、両方を使って比較読みをすることで、作者の表現の特徴やストーリーの共通性を考えるという授業ができる。どちらかによってどちらかがまた深まる、わかるという体験は2つやらないとできないこと。

　生徒Aは、「水かまきり」だけに言及しているので、自力で読む能力は不明である。授業の理解はうかがえる。仮にルーブリックのR2・M2としておく。生徒Bは、「水かまきり」で得た、諸要素に着目した読み方を使って初見の作品を読み深めた。その結果、自己を問い直すに至った。ルーブリックのR3・M2にあたる。生徒Cはある程度国語力を俯瞰できる段階である。ルーブリックのR3・M3にあたる。

4. 実践を振り返って

　本稿では紙幅の都合上、「では何が読めたか」に言及できなかった。傷を抱えた者の再生への希求や、人間存在の孤独さへの抗いなど奥行きのある作品だが、そういったことを感じる所まで行くために読み深める力が要るのだ。パフォーマンス課題では多くの生徒が授業で読み方が変わることを述べていたので、今回設定した「永続的理解」は得られたようだ。

　「神様」にせよ「水かまきり」にせよ表現を精密に捉え、細部と全体を往還して「意味」を確定していく必要がある。この力は文学作品教材で効果的に鍛えられるが、評論文を読むのにも使う。論旨を捉えるだけでなく、表現から背景にある人間や価値観などを嗅ぎ取ることも大切なのだ。現実社会の言説は公正なものとは限らない。偏ったものなら偏っていると読むのが正しい読みである。

　今回は作品を自分たちの教材として評価するメタな観点を得た。生徒には自らの学びに自覚的であってほしいし、なぜ・何を・どう学ぶかに自覚的な授業にしたい。

　文章の文学性や論理性などを個々の作品に則して捉えた授業はできる。しかし読むこと一つとっても、私は自分なりの構想の中でしか授業できていない。本質が問われ始めた昨今の情勢は望ましいが、国語の見方や考え方というものが何なのか本当に深くつかむために、いろんな専門家の援けがほしい。

「質問づくり」を通して 小説の表現を考える
── 単元「『羅生門』を読む」──

広島県立庄原格致高等学校　三谷 弘子

　　2022年度から高校でも実施される2018年改訂新学習指導要領では、「主体的・対話的で深い学び」がうたわれている。これまで国語科で行ってきた「学習活動」や「言語活動」というものと全く違ったことが画策されているわけではなく、私たちが現場で行ってきたことをより明確に、具体的に意識付けする言葉として受け止めていきたいと思う。

　　小説の読みを深める取り組みとして、これまでも様々なことが行われてきたが、今回『羅生門』を扱うにあたって、表現に即して読み取りをしながら、作品中のある表現に着目すると、読みが深まるという経験をさせたいと考えた。また、そのための方法として「質問づくり」を用いて、生徒自身の疑問点を出発点とする授業を構築したいと考えた。

1.　単元目標と評価方法

　　この単元では、次のような目標を設定した。

　　（1）語句の意味、用法及び表記の仕方などを理解し、語彙を豊かにする。【知識・理解】

　　（2）文章に描かれた人物、情景、心情などを表現に即して読み味わう。【読む能力】

　　（3）文章に描かれた人物、情景、心情などを表現に即して読み味わおうとする。【関心・
　　　　意欲・態度】

本単元では、次のような「本質的な問い」と「永続的理解」を設定した。

● 「本質的な問い」：小説の主題を読み深めるにはどうすればよいか。

● 「永続的理解」：小説の主題を読み深めるためには、特徴のある表現に注目してその
　　　　　　　　　意味するところを考えていくことが大切である。

生徒たちには、次のようなパフォーマンス課題を示した。

●パフォーマンス課題「来年の1年生に『羅生門』を紹介しよう。」

　これから『羅生門』を読むことになる来年度の1年生が、『羅生門』について多角的に考えたいと言っています。あなたは先に『羅生門』を読んだ先輩として、にきびに着目して、「『羅生門』は「平安時代の下人が生きるか死ぬかの瀬戸際で追い詰められて引き剥ぎをする話に見えて、実は○○な話なんだよ。」ということを説明してあげようと思います。にきびの描写があることによって『羅生門』はどういう小説になるか。質問づくりを通して考えたことをもとに、レポートにまとめなさい。

2.　単元の流れ

　この単元は全8時間で計画した。これを3次に分けて実施した。大まかな流れは表1に示したとおりである。

表1　単元計画

【第1次】　単元の目標と学習計画を確認し、見通しを立てる。初発の感想や疑問点を出し合う。（1時）

【第2次】　記述に即して、人物、情景、心情を読み取る。文章の構成や展開を確かめ、表現の仕方について評価する。（5時）

【第3次】　「にきび」に注目して質問づくりをし、表現の効果について考え、レポートにまとめる。（パフォーマンス課題）（3時）

3.　質問づくりの様子

　最初に疑問点を出し合った後、5時間かけて場面や心情など、ひと通りの読み取りを終えた。その後、質問の焦点を「下人のにきび」として、はじめに個人作業でできるだけ多くの疑問点や質問を書き出した。その後、4人グループになって、個人で書き出した質問を共有し、その中で考えてみたい質問を3つに絞るという作業をした。ブレインストーミングをしながら、思考を活性化させつつ、生徒自身の興味関心を引き出すための作業である。始めはしぶしぶだった生徒も、話し合いの中で、どんどん引き込まれ、最終的には「にきびだけでこんなにたくさん質問が出せるとは思わなかった。」という声も聞こえた。手順を示すために使ったプリントを次の資料1に示す。

『羅生門』まとめ　　　（　）組（　）番（　　　　　　　　）

◇『羅生門』の読み取りを深めるために「質問づくり」をしよう。

| 手順 |

【この時間にすること】

1　『羅生門』の読み取りを深めるために質問をたくさん作る。

　（初めは一人で。それからグループで。）

「質問づくり」4つのルール

　① できるだけたくさんの質問をする。

　② 質問について話し合ったり、評価したり、答えたりしない。

　③ 質問は発言の通りに書き出す。

　④ 意見や主張は疑問文に直す。

この中で一番難しそうなルールはどれですか。それはなぜですか。

　　（　　　　・　　　　　　　　　　　　　　　　　　　　　　　　）

2　多くの質問の中から、一番考えてみたい質問はどれか、話し合いながら3つに絞る。

3　グループで絞った3つの考えてみたい質問を発表する。

4　振り返りを行う。

【次の時間にすること】

5　質問の答えを考える。

6　考えたことをレポートにまとめる。

討議を経た後、いろいろな質問が班から出された。班で話し合いをしながら、開いた質問と閉じた質問の違いに目を向けさせる中で、５Ｗ１Ｈの質問の開閉に言及していった班もあった。

　最終的に各班３つずつの質問を発表した。例えば「『羅生門』という話ににきびは必要なのか。」「にきびは下人の行動や心情を表しているか。」「にきびに手を触れたり離したりする表現があるのはなぜか。」「にきびと羅生門の共通点は何か。」「なぜ下人はにきびから最後に手を離したのか。」など、にきびを核として『羅生門』の構成や、下人の人物造型などを考えようとする質問が多く出た。中には、無意味に見える質問もあったが、班討議の中で、淘汰されていった。

　その後の「質問の答えを作る」段階を経て、「にきびの作品中における役割」を書かせると、次のようなものが出てきた。「にきびは下人の迷いの象徴である。」「にきびは青春の象徴だから、そこから手を離すということは下人が若者から大人になるということだ。」「『羅生門』の荒れた情景を、膿を持ってくずれたにきびとリンクさせている。」「『顔』が『世界』で『にきび』は『悪いもの』の比喩である。世界に突然邪悪なものが発生する。それはだれに現れるかわからない。」など、それまで気づかなかったことに気づき、最初に読んだ時とは違った読みができるようになった生徒が多くいた。

4．ルーブリックと生徒の作品

　最終的に生徒には初めに示したパフォーマンス課題を、資料2のレポートの形式で書くことを指示した。表2のルーブリックと照らすと、作品例1、2とも「読み取りの深化」、「内容の妥当性・独創性」はレベル４、「表記・表現」はレベル３と評価できる。ただ、「後輩の１年生に向けて」説明するレポートになっていない生徒が多くなってしまった。それは問いの設定を「そのように読みが変わった理由」としたことが原因だったと反省している。

資料2　生徒作品の例

作品例１ ◇初読の時に考えたこと	『羅生門』は、（主に捨てられた下人が生きるために引き剥ぎをする）話である。
◇質問づくりを通して考えたこと	『羅生門』は、（生きるために下人が良心を捨て、大人になるという）話である。

そのように読みが変わった理由

　『羅生門』に出てくる「にきび」に着目すると、読み方がとても変わってくる。下人がにきびを触って気にしている間は悪事を働いておらず、離した後悪事を働いていることから、「にきび」が象徴しているのは「若者が若さゆえに持っている良心や正義感」だと考えられる。「老婆の話が終わると下人は嘲るような声で念を押した」というところから、もう下人の中の良心が薄れていっていることが読み取れる。それを決定的にしたのが「不意に右の手をにきびから離して」というところで、下人が良心や正義感を捨てたということを確実に示しているところだと思う。にきびは若者の象徴であるから、「にきびを捨てた」＝大人になったということである。下人は盗みをすることで若者から大人になるけど、これを良い意味での「成長」とは読んではいけないと思う。でも完全に良心が捨てられたかといわれると、私はまだ少しはあったと思う。「では俺が引き剥ぎをしようと恨むまいな。俺もそうしなければ、飢え死にをする体なのだ。」と言っているから、自分が盗みをするために老婆の論理を借りて肯定しないと盗みができなかったからだ。本当に良心がなくなったのであれば、なにも肯定しなくても悪事に手を染めることはできたと思う。

　読み終わった後に『羅生門』がなぜ『羅城門』から『羅生門』に変わったのか、という問いが少しだけわかった気がする。それは、修羅の道を生きる門、つまり下人が修羅の道を生きていくための通過に過ぎないのである。

作品例2	
◇初読の時に考えたこと	『羅生門』は、（下人が老婆の着物を盗み取る）話である。
◇質問づくりを通して考えたこと	『羅生門』は、（人間の腐った部分を表した）話である。

そのように読みが変わった理由

　このように読みが変わった理由として、一番大きな理由は下人の心情の変化だ。初めのほうは盗人になる勇気が出なかった（にきびを気にしていた）下人が、後半になると盗人になる勇気が出た（にきびから手を離した）。下人のこの大きな心情の変化は、老婆の論理だ。私はそこが人間の腐った部分の表れだと感じた。老婆の論理を聞いて心情が変化したということは老婆の論理を利用した、つまり言い訳にしたということだ。もし下人に「なぜ盗人になったのか」と問うと、きっと「老婆が〜と言っていたからだ。」と答えるだろう。私たち人間は何か都合が悪くなるとすぐに言い訳をしたり、人のせいにする。要は自分の罪悪感を人を利用することで減らそうとしているのだ。私はこれが人間の腐った部分だと思う。だから『羅生門』はそれを象徴的に示している話だと思う。

表2　ルーブリック

	読み取りの深化	内容の妥当性・独創性	表記・表現
4	初読の時に比べ、明らかに読みが深まり、新しい視点を手に入れている。	「にきび」に着目して、独創性のある優れた考察がなされている。	豊富な語彙で、味わいのある表現をしている。
3	初読の時に気づかなかったことに気付いている。	「にきび」について妥当な考察がなされている。	高校生としてふさわしい語彙を用いている。
2	初読の時と比べあまり変化していない。	考察として間違いが含まれる。	使用する表現、語彙がやや稚拙である。
1	読み取りが浅くなっている。	「にきび」について触れていない。	使用する表現、語彙が稚拙である。

5.　実践を振り返って

　この授業は、2019年度広島県立庄原格致高等学校の公開研究授業として実施した。「質問づくり」の授業の本校での初めての実践であったが、質問の焦点を、これまでの授業実践でも疑問に思う生徒が多かった「下人のにきび」としたために興味関心を持って参加した生徒が多かった。公開授業実施後の講評の中では、生徒の活動を主体として、1時間の中で取り扱う材料が少ないために、生徒の腑に落ちる授業展開だったこと、生徒に「閉じた質問」「開いた質問」について考えさせることで、深い思考をする手順を理解させるということができていたということ、もっと理解したいという知的好奇心の喚起がなされていたという言葉もいただいた。

　国語のパフォーマンス評価を実践していくうえで、「本質的な問い」は、「どのように読めばいいのか。」「どのように書けばいいのか。」という大きなものになりがちで、生徒にどう迫っていったらいいのか迷うことが多い。「どういうことができるようになることを目標とするのか」という具体を常に考えながら、「逆向き設計」に基づいた授業実践をこれからも続けていきたい。

〈参考文献〉

・ダン・ロスステイン、ルース・サンタナ著　吉田新一郎訳『たった一つを変えるだけ〜クラスも教師も自立する「質問づくり」』新評論、2015年。
・西岡加名恵・石井英真編著『Q&Aでよくわかる「見方・考え方」を育てるパフォーマンス課題』明治図書、2018年。
・西岡加名恵編著『「逆向き設計」で確かな学力を保障する』明治図書、2008年。
・文部科学省『高等学校学習指導要領解説国語編』、2018年。

学習内容を具体的な生活に結びつける

── 単元「世界諸地域の人間生活の多様性を学ぶ」──

広島県立福山誠之館高等学校　松岡 真徳

　前任の広島高校はSGH研究指定校となり、2015年度より「持続可能な社会の構築に貢献できるグローバル・リーダーの育成」を学校全体での研究テーマとして取組を進めてきた。「総合的な探究の時間」を柱にグローバル・リーダーに必要なコンピテンシーを育成するため、全ての教科において教材開発を進め「総合的な探究の時間」と「教科」間の相互連関を図ってきた。地理授業の本単元「世界諸地域の人間生活の多様性を学ぶ」においても、グローバル人材の育成に関わり、自分たちの生活との差異や共通点を見つけ自己の行動はどうあるべきかを考えさせたり協働的な世界をつくるためにどうすべきかを考察させたりする学習を目指した。

　対象の生徒たちは、高校2年生10月のハワイでの修学旅行の際に、ハワイ大学で異文化体験プログラムを経験している。また半日の班別行動計画をたて現地で観光名所や食事場所を訪れるというグループ別研修で、日本と異なる自然環境や文化生活習慣等も体験している。これらの体験を深化させ、地理の学習内容と生徒自身の生活が関連付けられるようなパフォーマンス課題を設定した。ハワイ以外の地域において、自らが体験する具体を考察させることで汎用的な学習となるよう工夫した。

1．単元目標と評価方法

　本単元では、世界諸地域の生活と自分たちの生活との差異や共通点を見つけ、自然的環境から諸地域の育まれた人間生活の独自性や共通性について理解する必要がある。既習学習事項の知識やそれらを活用する技能を身に付けさせたいという意図から、「世界の気候分布について気候要素・気候因子の相違などから理論的に判別できるようになる。」「ケッペンの気候区分や雨温図等から諸地域の気候特徴について体系づけて考察できる。」という2点について単元目標とした。

　現代社会の中の諸課題を見つけるためには、基礎的基本的な知識を理解する必要が

あることや、それらを適切な場面で活用することで思考が深まることを実感させられるような授業構成を試みた。そこで本単元では、次のような「本質的な問い」と「永続的理解」を設定した。

● 「本質的な問い」：諸地域の自然環境は、多様な人間生活の形成にどのような影響を及ぼし各地を特徴づけるのか。

● 「永続的理解」：民族的な差異、地域的な差異は、諸地域の自然的環境の相違から生じ、そして徐々にそれぞれの国・地域の文化的基盤として特徴づいていったものである。

　生徒たちには、次のようなパフォーマンス課題を与えた。また生徒に対して「①旅行に行く時期になぜ現地ではそのような気候に支配されるのか、理論的に説明すること。②現地での衣食住に関する体験を具体的に示しなぜそのような生活習慣が根付いているのか気候との関連性を説明すること。③それらの体験から私たちが学ぶべきことや身に付けるべき考え方の方向性を示すこと。④声の大きさ話す速さ等発表を聞きやすくするための工夫をすること。」を各班発表前の注意事項として再確認させた。このことで各班の発表が焦点化され、生徒間の相互評価も行いやすかったようである。

● パフォーマンス課題

　あなたは２学年の担任となり次年度の修学旅行を企画することになった。本日はその企画「世界の生活を体験することで私たちは何を学ぶのか。〜○○（国・地域名）で現地の家庭に１週間のホームステイ〜」の旅行内容を学年団の先生たちと検討する会議である。

　① 各グループで割り当てられた国・地域の自然環境について、日本と現地の相違が最も分かりやすい月（時期）に訪れることとする。気候要素の年変化について雨温図等で示しながら説明すること。

　② どのような場所（その土地や泊まる家屋の特徴など）で、どういった生活（食べ物や着るものなど）を体験するのか写真やイラスト等を用いて説明すること。

　③ その土地の生活を送る際に、私たちはどのようなことに気を付けて行動をする必要があるかを示すこと。

　①〜③を班ごとに分かりやすくまとめ、５分以内でプレゼンテーションを行うこと。

---

2. 単元の流れ

　本単元は全9時間である。6時間で気候区分や各地域の植生・土壌を学習し、次の2時間では3人一組の班で調査対象を選んで調査し、9時間目に各班5分で各地域について発表させた。調査対象とした国は、タンザニア（サバナ気候）、サウジアラビア（砂漠気候）、トルコ（地中海性気候、ステップ気候）、アイスランド（西岸海洋性気候、ツンドラ気候）、フィンランド（冷帯湿潤気候）、ペルー・クスコ（高山気候）である。この国の選定については日本やハワイとは気候が異なることや現地の生活が詳細に知られていない国を選択肢として事前にリスト化した。次に本単元の指導計画を次に示す。

次	時	学習内容・学習活動	評価	
			評価規準	評価方法
1	1	単元の学習活動と目標を確認し、見通しを立てる。気候要素と気候因子から地球規模での気候分布について理解する。	・人間の生活が、諸地域の気候に影響を受けることに理解を示している。 ・気候要素と気候因子から諸地域の気候分布の特徴を理解している。	提出物 行動の観察
	2	大気の大循環について理解する。	・大気の大循環のメカニズムを正確に理解している。	提出物
	3	気候の地域性について考察する。	・大陸性・海洋性気候の相違、東岸・西岸気候の相違について、地域を比較した考察ができている。	提出物 行動の観察
2	4	ケッペンの気候区分について理解する。	・雨温図等で各気候区を判別し表現できる。	小テスト
	5 6	植生・土壌と気候要素との関連性について考察する。	・植生や土壌の特徴と気候要素との関係について考察ができている。	提出物
3	7 8	割り当てられた気候区と人間生活について考察し、パフォーマンス課題の原稿作りに取り組む。	・各気候区と人間生活との関連性に気づき、諸地域の暮らしや社会的特徴が形成されることに対して考察ができている。 ・自己の生活習慣と比較しながら多様な文化的背景の中でどの様に行動すべきか考察できている。	提出物 行動の観察
	9	班でプレゼンテーションをまとめ、発表する。	・ルーブリックによる。	パフォーマンス評価

生徒に対しては、単元の最初の時間にパフォーマンス課題を提示した。旅行の企画者として各地域の特徴や留意点を把握する必要があるということや、「各地の自然環境について、日本と現地の相違が最も分かりやすい月」に渡航するという条件が付してあることから、生徒たちは、気候要素や気候因子などの観点から雨温図や分布図に基づき各地域と身近な環境を比較する必要があることを認識したようである。この様に各地域の気候の特徴を多角的に捉え比較したり共通点を見つけたりすることを単元を通じて当初から意識させ指導した。

3. パフォーマンス課題に取り組む際の授業進度との関連性

本単元のパフォーマンス課題に取り組んだクラスは理系クラスで、授業は1単位（週1回程度）である。年間の授業時間数が限られるため授業進度に対しては十分に気を使う必要がある。この時間内でパフォーマンス課題を設定し作品を作成させたり発表させたりするには、ガイド的なモデルを提示するのが効果的であると考える。しかし一方で、生徒がモデルを参照しすぎることで思考面での広がりを阻害してしまう一面も持ち合わせているとも考える。

そこで今回のパフォーマンス課題では、課題①〜③に焦点化して作品を作成するよう指示した。また評価についても3つの課題にて対応したルーブリックを生徒に示すとともに、発表時に注意事項として焦点化した部分を盛り込むように徹底させたため、明瞭でスムーズな発表となった。このことは生徒の相互評価を簡潔にすることにも寄与した。

4. ルーブリックと生徒の作品例

作品①は、パフォーマンス課題①について、日本との相違が最も分かりやすい月を東京の数値と比較して雨温図で示したものある。フィンランドの気温や降水量の年変化について気候因子である偏西風と北大西洋海流を併記して説明している。感想からは「自分たちが調べたアイスランドとフィンランドとの共通点が多くあることに驚いた。どちらも同じような海流で同じような

作品①

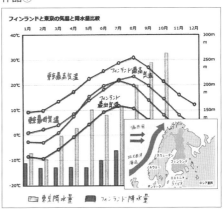

気候をしていた。」とあり、気候因子から各気候区の特徴を説明しようとする汎用的な力が身に付いていると伺える。

作品②は、課題②についてアイスランドの衣食住について示している。感想には「各国の生活の様子が面白いと思った。特に住居にはその地の気候がよく出ているなと思った。逆にあまり関係が見られなかったのが食であり作物の種類に少し関係があったくらいだった。」とある。諸地域の文化的特徴には相違性と共通性があることに気が付いている。

作品③は、課題③について自分自身の生活習慣と比較し、自己の行動はどうあるべきかを考えることができている。感想で「気を付けることについては日本がいかに楽をして生活できているのかがよくわかった。特に病気や水や排せつについて違いが大きく驚いた。」と言及していることから、協働的な世界をつくるための課題等に気が付いている。

作品④は、課題内の「1週間のホームステイ」の部分や旅行内容を検討する観点に重点を置き、7日間のプランを企画したものである。「修学旅行を企画するということや、学ぶべき方向性については意識外になっていた。」という感想があげら

作品②

作品③

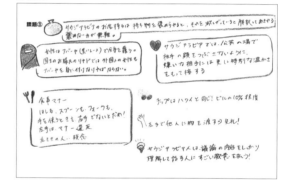

作品④

れた。

　下に今回のパフォーマンス評価に使用したルーブリックをあげる。グローバル人材の育成に関わるコンピテンシー醸成をめざし、自己の行動はどうあるべきかを考えさせたり協働的な世界をつくるためにどうすべきかを考察させたりする学習とするため、ルーブリック内に示した、自己の行動についても留意点や方向性が示されたまとめとなっているかを課題③で意識させた。

　作品③の食事マナー等に見られるように、文化的習慣の相違に気が付き自分たちが注意する事項として発表する班が多くみられた。

	理論的に自然環境をとらえる	関連付けたまとめと行動の留意点
3	雨温図や分布図を基に気候区の特徴が顕著に表れる時期を的確に捉え、その要因を気候因子から理論的に説明できる。	自然環境に基づく具体的な生活様相を、関連性を見つけて適切にまとめている。また、自己の行動についても留意点や方向性が示されたまとめとなっている。
2	雨温図や分布図を基に気候区の特徴が顕著に表れる時期を捉え、その特徴を説明している。	具体的生活についてはまとめているが、自然環境との関連性についてまとめていない。また、自己の行動については留意点については分かるまとめになっている。
1	雨温図や分布図を基に気候区の特徴が表れる時期やその特徴について捉えられていない。	具体的生活についてはまとめているが、自然環境との関連性についてまとめていない。また、自己の行動については留意点がまとめられていない。

5.　実践を振り返って

　本単元では、各地域の気候を気候要素や気候因子、生活文化の観点から分析することで、人間の多様性をもたらす気候を、抽象的にではなく具体的な生活との連関の中から捉えさせることができた。また自己の行動では、留意点については示すものの協働的な世界をつくっていくための今後の方向性までをまとめるような作品や発表には至らなかった。

　今後もパフォーマンス課題を設定し単元を構成する際には、地理の学習内容が人間の具体的な生活とどのように結び付けられるかに注目しながら実践を進めたいと考える。このことが地理学習の醍醐味でもあるため、生徒が学習内容を現実生活で活かせるような授業を実践していきたい。

生徒が主体的に
歴史学習に取り組む
── 単元「幕藩体制の確立」──

広島県立広島叡智学園中学校・広島叡智学園高等学校　折手 昭一

　これまでの高等学校における日本史の学習は、学習内容の多さや大学入試を意識した指導により、生徒から「暗記科目」と受け取られることが多かった。本来の学ぶことの意義を日々考えながら、「いかにして生徒に学ぶ楽しさを感じてもらえるか」と試行錯誤する中で、パフォーマンス課題と出会い、積極的に授業に取り入れることとした。

　本実践では、「課題を踏まえて政策を立案する」というパフォーマンス課題を単元末のゴールに位置付け、日々の授業で身につけた知識・技能を活用して思考・判断・表現することで基礎的・基本的な知識・技能を活用した深い学びが達成されることをねらいとした。この稿は、生徒がパフォーマンス課題に主体的に取り組むための工夫について、本実践を通して感じた成果と課題をまとめたものである。

　なお、本実践は前任校である広島県立広島高等学校において2017年度並びに2018年度に実施したものである。

1．単元目標と評価方法

　単元「幕藩体制の確立」は、「ヨーロッパ世界との接触やアジア各地との関係、織豊政権と幕藩体制下の政治・経済基盤、身分制度の形成や儒学の役割、文化の特色に着目して、近世国家の形成過程とその特色や社会の仕組みについて考察させる」ことが目標とされる。この単元を通して「社会が安定していく上で必要なものは何か」「どのような法・制度を作ることがその時代に適切なのか」ということを生徒に伝えたいと考え、次のような「本質的な問い」と「永続的理解」を設定した。

> ●「本質的な問い」：どのような視点に基づいて法・制度による支配秩序を形成していくのか。どうすれば、より良い社会を作ることができるか。

● 「永続的理解」：支配秩序は既存の法・制度がその時代における社会の要請や世界と
　　　　　　　　の関わりの中で、必要に応じて改変されながら形成されてきたもの
　　　　　　　　である。為政者はその事を踏まえた上で法・制度を作っていくこと
　　　　　　　　で社会を安定させることができる。

また、生徒たちには、次のようなパフォーマンス課題を与えた。

● パフォーマンス課題「発表原稿を作成しよう」
　　日本史の授業で「第6章　幕藩体制の確立」という単元のまとめとして「あなた
は4代将軍家綱の代にタイムスリップしてその時代の老中と入れ替わりました。江
戸幕府による支配体制が安定して長く続いていくためにどのような政策案を作成し
ますか？　家光の時代までに起こった出来事を根拠にして提案してください。また、
その際には21世紀で起こっている類似する出来事を例にしながら、他の老中が納
得するような説明をしてください。」というテーマが提示されました。現在はグルー
プで発表するために各自で作成したレポートを見せ合い、まとめる作業をしていま
す。みんなの意見をまとめて発表原稿を作成しましたが、納得できません。これま
でに学習した石高制などの重要語句とのつながりやどの視点から求められる政策な
のかが不明瞭です。グループで意見を出し合ってより良い発表原稿を作成してくだ
さい。

【作成中の発表原稿】
　　歳入は年貢米に大部分を依存しているが、寛永の飢饉のように農村はいつ窮乏す
るか分からない。それに備えることが必要だと思うので、年貢の比率を四公六民か
ら三公七民程度に落として飢饉の時の備蓄とするべきだ。ただし、安定的に税収が
見込める検見法を採用しよう。年貢率の低下により減少した歳入は直轄地の町人や
商人に対する徴税から賄えばいいだろう。特に貿易の窓口である長崎からは積極的
に行うべきだ。また、私がやって来た現代では公務員と呼ばれる役人たちが多く、
国の負担が大きかったため自分たちでできることは国からその権限を委ねられる民
営化という例がある。国内における戦争は島原の乱以降起こっておらず、参勤交代
制度が機能しており改易や転封などの大名統制も順調であるから、御家人や旗本の
数を減らせることはできないだろうか？　可能であれば切米や役料の削減につなが
り歳出を減らし、幕府の蓄えとすることができると思う。それにより将軍権威が低
下しないために日光社参などの一定の歳出を確保し、引き続き転封や減封をすれば
問題ないであろう。

2. 単元の流れ

　この単元は、パフォーマンス課題の発表を含めると13時間である。各時間の内容については、表1に示したとおりである。

表1　単元計画

時	学習内容・学習活動	時	学習内容・学習活動
1	パフォーマンス課題の提示 大航海時代と日本	7	禁教と鎖国政策
2	織豊政権の成立過程	8	寛永期の文化
3	豊臣秀吉の全国統一	9	農村と町
4	桃山文化と南蛮文化	10	産業の発達
5	江戸幕府の成立と幕藩体制	11・12	班ごとで発表原稿作り
6	江戸幕府の統制政策	13	プレゼンテーション

　第1時においてパフォーマンス課題の提示と今後の授業の展開についての説明をした後、教科書に沿った授業を展開した。基本的な知識をおさえつつ、パフォーマンス課題との関連の深いキーワード（石高制・大名統制など）についてはグループで探究させる機会を作り、理解が深まるように工夫した。第11・12時では、【作成中の発表原稿】を叩き台として各グループで発表原稿を作成し、第13時では、各班が作成したパフォーマンス課題を発表し、生徒間での投票を行った後、提出した発表原稿をルーブリックに基づき評価した。

3. これまでの授業とパフォーマンス課題をつなぐ工夫

　生徒は、この単元を実施するまでにパフォーマンス課題に取り組んだことがなく、時間配分の関係もありこの単元に費やす時間は限られていた。そこで、授業の構想段階では発表原稿を一から全て作り上げる想定であったが、【作成中の発表原稿】を与え、これによってパフォーマンス課題に生徒がスムーズに取り組むことと授業展開の時間短縮をねらいとした。この【作成中の発表原稿】内には、例えば「安定的に税収が見込める検見法」のように誤った情報も入れることにより、生徒が与えられた情報を鵜呑みにせず思考することを促している。また、パフォーマンス課題と授業内容との関連性を意識させるため、毎時間後に授業の振り返りとして幕府による支配体制が安定して長く続いていくための政策案との関連性について記述させた。これらの取組

により、生徒に「今何を学んでいるのか？」「今日学んだことはどのように役立つのか？」を意識させることで学ぶ意義や必然性を見出させようと考えた。また、意図的なグループ分けをしてグループで協働して取り組むことで、歴史が苦手な生徒でもパフォーマンス課題に前向きに取り組むことができるよう工夫をした。

4. ルーブリックと生徒の作品例

　また、「知識の活用」中の、「身に付けて欲しい知識・技能」として、石高制・兵農分離・幕藩体制・参勤交代・禁教令・鎖国・本百姓・町人・新田開発・豪商といった語句を設定した。なお、表現が多少異なっていても採点の対象とした。

　資料1は、比較的得点の高かったグループの成果物、表2はルーブリックである。今回は、ルーブリック内には生徒が作成した政策案の実現可能性については、評価の項目を設けていない。生徒はこれまで答えが限定されている問題に慣れていたが、今回の実践では答えが一つに定まらない課題に取り組む必要があったため、自由な発想が生まれることをねらいとしたためである。その結果として、正しい答えを求める生徒も数名はいたが、答えのない課題に取り組むことを楽しいと感じる生徒が多かった。

資料1　あるグループの作品例

　　石高制の重要性は、生産力が数値化されることでわかりやすく管理がしやすいことである。一方、米と貨幣のレートが不安定である。その対策として、検見法と定免法を使い分けることを推進する。現在は一部の地域でしか行われていないので全国展開する。具体的には飢饉のときに検見法を採用し、収穫高が一定のときには定免法を用いるとよい。私たちの時代では、累進課税と呼ばれる税の徴収方法がある。これは、納税者の支払い能力に合わせて課税され、所得の再分配効果をもたらす。だから状況に応じて検見法と定免法を使いわけることで、貧しい農民の負担を軽減し、格差を是正することができ、また税収も安定するので、経済の活性化につながる。経済のめぐりが良くなると社会保障に使えるお金が増える。例えば、多くの農民が飢饉で苦しむのは、知行とりが買い占めたり、倉庫の管理が十分に行われていないために虫に食べられたりするからだ。そこで、社会保障の一環として、倉庫の整備を行うべきである。そうすることで知行とりが買い占める前に余剰分を倉庫に保管し、飢饉の際に農民に米が行き渡る。
　　また、貿易について現在は大名が指揮しているが、大名ごと、地域ごとに格差が見られる。そこで、貿易自体を幕府が管理して細かな役割は藩にまかせる。藩に任せる

ことで雇用の機会が増えるので人々の収入につながり生活が安定する。これは現代でも国が地方に、地方は市町村に仕事を分配する機関委任事務という仕組みがある。開港はどの藩にも許可するが代わりに税関を設け、キリスト教がこれ以上入ってこないようにする。ただし、今の時点でキリスト教信者である人は罰したり絵踏を行ったりしないようにする。宗教に対して寛容な姿勢をとる。また、税関での収入は幕府の財源とする代わりに大名への貿易の利益に対する税を軽くする。それによって大名もメリットを感じることのできる仕組みになる。このような貿易改革を行うことで地方の活性化につながり人が地方に分散し過疎過密の解消にも貢献する。それによって共同生活のストレスも軽くなるはずである。

　　以上のような政策を積極的平和に向けて、人々の幸せのために行うことを提案する。

表2　ルーブリック

	石高制	現代とのつながり	知識の活用
3	幕藩体制下における石高制の重要性や年貢米と貨幣との関係の問題点を踏まえて、その解決策を具体的に示すことができている。	江戸時代と現代社会における法・制度の共通点を見いだし、具体例を示している。	身につけて欲しい知識・技能のうちから、5つ以上を取り入れて政策案を考えている。
2	幕藩体制下における石高制の重要性・年貢米と貨幣との関係の問題点のいずれかを踏まえて、その解決策を示すことができている。	江戸時代と現代社会における法・制度の共通点を見いだしてはいるが、具体例は示せていない。	身につけて欲しい知識・技能のうちから、3つ以上を取り入れて政策案を考えている。
1	幕藩体制下における石高制の重要性・年貢米と貨幣との関係の問題点のいずれにも触れていない。	江戸時代と現代社会における法・制度の共通点を見いだせていない。	身につけて欲しい知識・技能のうちから、2つ未満を取り入れて政策案を考えている。

　　なお、ルーブリックに照らしあわせると、資料1は（石高制：3、現代とのつながり：3、知識の活用：2）となる。冒頭で「生産力が数値化」・「レートが不安定」と簡略化された表現ではあるが石高制について述べている。また、それらを踏まえて「検見法と定免法の併用」や「累進課税制度の採用」といった現代とのつながりを踏まえた解決策を展開している。語句の使用については、こちらの設定した語句のうちから5つは使用できなかった。

5. 実践を振り返って

　パフォーマンス課題を授業に取り入れる際、まず直面したのは課題の設定の難しさであった。その中で、教科の目標を確認しその単元で必ず身に付けさせたい概念とは何なのかを見つめ直すことは、これまでの実践を振り返りその単元における本質的な内容を捉えるいい機会となった。また、GRASPS（Goal、Role、Audience、Situation、Performance、Standards）に即した生徒にとって魅力的な状況設定を作ることで、生徒は知識を「覚える」だけでなく「使う」という意識で思考することができた。

　ここで単元終了後に行ったアンケートにおける生徒の自由記述をいくつか示す。

> ○ 一人だったら気づけてなかったところも、グループで協力して課題に取り組んだことでお互いにいい刺激になったかなと思う。誰かと話すことで印象にも残りやすかった。
>
> ○ この時代のことだけでなく現代のこととも結びつけて考えるのが難しかったけれど、そうすることで江戸も現代も色んな視点から見られてよかったです。
>
> ○ この課題に取り組みはじめた最初は、あまり意義が無いように思えたけれど、作成するうちに教科書や図表を自然とめくっていたので感動しました。とても印象に残るものだったので、テスト勉強もいつもよりスムーズだったと思います。

　生徒はグループワークを通して、概ね主体的にパフォーマンス課題に取り組んでいた。また、現代とのつながりを思考させることで、生徒は異なった視点から歴史を学びつつ、「所得の格差」「インフレーション」といった現代社会における問題についても学びなおす機会となった。一方で、実現可能性の非常に低い政策案しか考えられていない作品もあったため、相互にパフォーマンスを評価させるなどすることで生徒に自己評価力を身につけさせることが必要であると考える。また、「結局のところ正解がわからない」「講義形式の方がいい」と戸惑う生徒に対して繰り返し課題に取り組ませるなどの対応も必要であると考える。

〈参考文献〉

・三藤あさみ、西岡加名恵「パフォーマンス課題のつくり方」『パフォーマンス評価にどう取り組むか──中学校社会科のカリキュラムと授業づくり』日本標準、2010年、pp.22-33。
・西岡加名恵、石井英真「2017年版学習指導要領とパフォーマンス評価」『教科の「深い学び」を実現するパフォーマンス評価「見方・考え方」をどう育てるか』日本標準、2019年、pp.10-22。

講義形式で「見方・考え方」を働かせる

—— 単元「ヨーロッパ世界の形成と展開」 ——

京都市立塔南高等学校　村井 昂介

　2018年改訂高等学校学習指導要領解説においては、改訂にあたり重視されている「社会的な見方・考え方」を育むため、単元や内容に沿った問いを立てることが推奨されている。世界史において問いを立てて解決する授業を検討する際には、膨大な分量の内容を教授する必要から、日常の授業計画に新たな活動を組み込む余裕が残っていないことが問題であった。

　そのため、「従来型の授業」と「新しい方法」との橋渡しが必要になる。日々の授業の進度や深さを基礎としながら、「見方・考え方」を働かせる取り組みを、可能な限り無理なく組み込むことはできないか。そう考えて、2つの単元でパフォーマンス課題を日々の授業に実装することを試みた。本章では、「ヨーロッパ世界の形成と展開」での実践について述べる（本実践は前任校の京都市立堀川高等学校で行なったものである）。

1．単元目標と評価方法

　2009年改訂の学習指導要領によると、単元「ヨーロッパ社会の形成と展開」のうち西ヨーロッパ世界の部分では、その目標として封建社会の形成、その変容と世界の拡大を軸に、教会の役割を理解させることに言及されている。しかし、この分野を学習した生徒は、封建社会の独特な構造や、キリスト教を中心とした社会のあり方への理解に難しさを感じることが多い。

　その一方、この単元は現在のヨーロッパ世界への視座を養ううえで重要な部分でもある。おりしもこの授業を計画した当時は、イギリスのＥＵ離脱問題が議論されていた。そこでも「ヨーロッパ」という言葉自体は自明のものとされているため、「ヨーロッパ」という見方を新しく捉えなおすことは、中世以降のヨーロッパ社会の特質をつかみながら理解を深めることだけでなく、現在の国際社会における「見方・考え

方」を改めることになると考えた。

　そのような発想のもと、本単元では次のような「本質的な問い」と「永続的理解」を設定した。

● 包括的な「本質的な問い」：ある概念やイメージはどのように歴史的に構築されるか？
●「永続的理解」：中世において、多様な国家が誕生したものの、東西ヨーロッパでは一定の類似性・同質性のもと、領域を超えた歴史的事象を経験した。

　これを受けて、単元における「本質的な問い」を「ヨーロッパという考え方は中世においてどのように生み出され、展開したか？」という問いとし、次のようなパフォーマンス課題を設計した。

● パフォーマンス課題「ヨーロッパ世界の形成」
　今年、2018年はEU発足25周年という節目の年です。2度の大戦を経験したヨーロッパの国々は、これ以上戦争を起こさないように「ヨーロッパ」としてまとまろうとEUをつくり、EUは平和と調和への貢献から2012年にノーベル平和賞を受賞しています。しかしながら、イギリスのEU離脱が議論されるなど、「ヨーロッパ」の統合・一体化は現在でも問題となっています。
　こうしたEUの問題を考えるために、高校生向けの新聞で「EUの背後にある、国境を越えた『ヨーロッパ』という意識は歴史の中でどのように形成されたか」というテーマで特集が組まれることになり、あなたは記事執筆者の一人になりました。あなたが担当する記事の問いは、「中世を生きた人々は、はたしてどの程度、自分たちのことを『ヨーロッパ』の一員（「ヨーロッパ人」）として認識していたのか？もしくは認識していなかったのか？」です。この問いについて、商人・騎士・聖職者、いずれかの立場に即して考察し、中世ヨーロッパの歴史的事実に基づきながら、高校生の興味を引くような記事を執筆してください。

２．単元の流れ

　本単元には約18時間の計画を立てた。

・地中海北方へ広がるキリスト教（6時間）
・西ヨーロッパの成長と拡大（6時間）
・封建社会の解体と王権の伸長（6時間）

授業は従来通りの講義形式をとった。ただし50分のうち45分で講義を終えることとし、残りの5分間は、その授業で学んだ項目のうち、パフォーマンス課題の解答に資すると考えたことを、前もって配布しておいた付箋に書き留め、ワークシートに貼り付ける活動を行った。

単元が終了したときに、生徒はワークシートに貼り付けた付箋のなかから、パフォーマンス課題への解答に必要だと思われるものを選び、それらを再配置し、作品のストーリーを構築した。使わな

図1　生徒が作成したワークシート（一部）

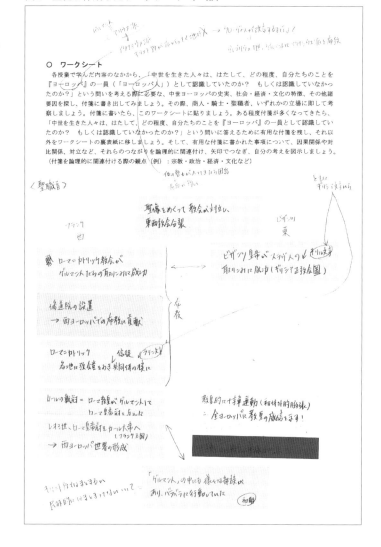

かった付箋はワークシート裏面に移動した。そうしてできたストーリーをもとに、授業内および家庭学習で作品を作成した。

3．授業における生徒の思考

この活動を始めた当初は、生徒は授業の復習として付箋に語句を記録することが多く、即時の復習ができる効果を感じたという声が目立った。しかし、活動の回数を重ねるにつれて、付箋の記入は次第に授業の途中でも随時行われるようになった。この授業では、生徒は常時2人または3人のグループを組んでおり、授業中に随時相談・交流をしながら学習を行っている。そのグループ内で記載した付箋の内容を吟味し、

授業の内容理解を深めようとする姿も見られた。

回数を重ねる中で、課題の問いが生徒に浸透していくことが発見された。毎回の授業でワークシートを用いたことで、生徒は課題に継続的に触れたため、問いが生徒に内在化され、教員からの働きかけが無くても、授業の中でパフォーマンス課題に対する推論を働かせるようになっていった。授業中に教科書を読んだ時にも、「ヨーロッパ商業圏」といったことばに敏感に反応し、商人の「ヨーロッパ人」意識を議論する姿勢などがみられたことが、その例であった。

4．生徒の作品とルーブリック

ワークシートから作品を作成する活動は、当該単元の途中の冬休みの補習と、学期末までの期間の家庭学習、春休みに行われた補習にて行った。当初、この課題では新聞の「記事」を作成する予定であったが、筆者の指示の錯誤と、「高校生の興味を引く」という課題の指示に対する生徒の解釈とを受けて、実際には多くの生徒が記事の見出しやイラスト等を含んだものを作成した。

図2　生徒の作品例

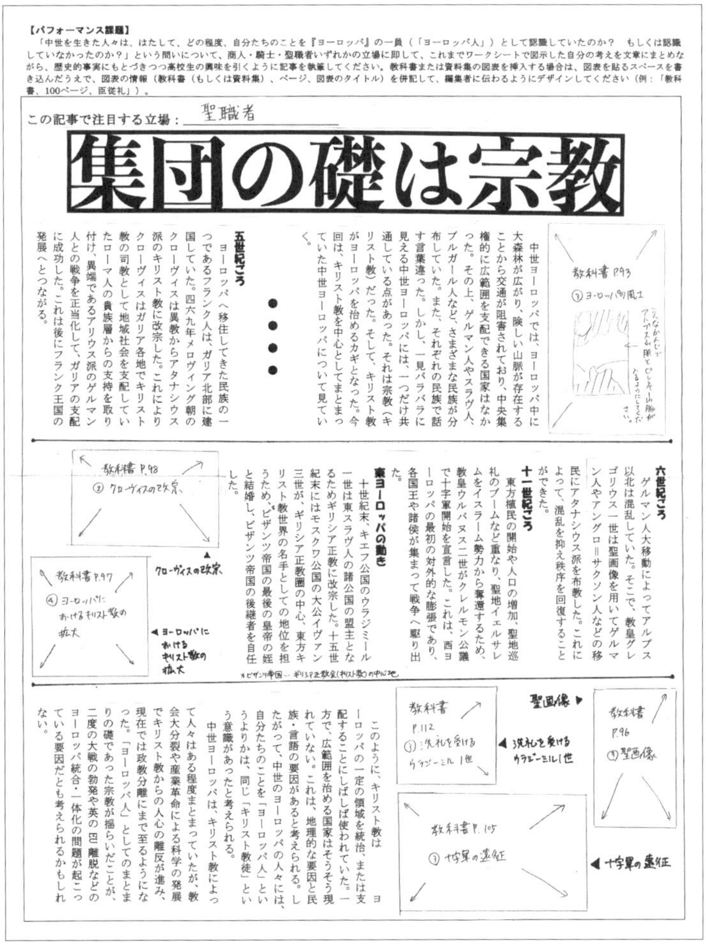
【パフォーマンス課題】
「中世を生きた人々は、はたして、どの程度、自分たちのことを『ヨーロッパ』の一員（「ヨーロッパ人」）として認識していたのか？　もしくは認識していなかったのか？」という問いについて、商人・騎士・聖職者いずれかの立場に即して、これまでワークシートで図示した自分の考えを文章にまとめながら、歴史的事実にもとづきつつ高校生の興味を引くように記事を執筆してください。教科書または資料集の図表を挿入する場合は、図表を貼るスペースを書き込んだうえで、図表の情報（教科書（もしくは資料集）、ページ、図表のタイトル）を併記して、編集者に伝わるようにデザインしてください（例：「教科書、100ページ、臣従礼」）。

この記事で注目する立場：聖職者

集団の礎は宗教

中世ヨーロッパでは、ヨーロッパ中に大森林が広がり、険しい山脈が存在することから交通が阻害されており、中央集権的に広範囲を支配できる国家はなかった。その上、ゲルマン人やスラヴ人、ブルガール人など、さまざまな民族が分布していた。また、それぞれの民族で話す言葉違った。しかし、一見バラバラに見える中世ヨーロッパには、一つだけ共通している点があった。それは宗教（キリスト教）だった。そして、キリスト教がヨーロッパを治めるカギとなった。今回は、キリスト教を中心としてまとまっていた中世ヨーロッパについて見ていく。

教科書 P.93　③ヨーロッパの風土

五世紀ごろ

ヨーロッパへ移住してきた民族の一つであるフランク人は、ガリア北部に建国していた。四六九年メロヴィング朝のクローヴィスは異教からアタナシウス派のキリスト教に改宗した。これによりクローヴィスはガリア各地でキリスト教の司教として地域社会を支配していたローマ人の貴族層からの支持を取り付け、異端であるアリウス派のゲルマン人との戦争を正当化して、ガリアの支配に成功した。これは後にフランク王国の発展へとつながる。

六世紀ごろ

ゲルマン人大移動によってアルプス以北は混乱していた。そこで、教皇グレゴリウス一世は聖画像を用いてゲルマン人やアングロ＝サクソン人などの移民にアタナシウス派を布教した。これによって、混乱を抑え秩序を回復することができた。

十一世紀ごろ

東方植民の開始や人口の増加、聖地巡礼のブームなど重なり、聖地イェルサレムをイスラーム勢力から奪還するため、教皇ウルバヌス二世がクレルモン公議で十字軍開始を宣言した。これは、西ヨーロッパの最初の対外的な膨張であり、各国王や諸侯が集まって戦争へ駆り出た。

東ヨーロッパの動き

十世紀末、キエフ公国のウラジミール一世は東スラヴ人の諸公国の盟主となるためギリシア正教に改宗した。十五世紀末にはモスクワ公国の大公イヴァン三世が、ギリシア正教圏の中心、東方キリスト教世界の名手としての地位を担うため、*ビザンツ帝国の最後の皇帝の姪と結婚し、ビザンツ帝国の後継者を自任した。

教科書 P.98　②クローヴィスの改宗

▲クローヴィスの改宗

教科書 P.97　④ヨーロッパにおけるキリスト教の拡大

◀ヨーロッパにおけるキリスト教の拡大

*ビザンツ帝国…ギリシア正教会(キリスト教)の中心地

このように、キリスト教はヨーロッパの一定の領域を統治、または支配することにしばしば使われていた。一方で、広範囲を治める国家はそうそう現れていない。これは、地理的な要因と民族・言語の要因があると考えられる。したがって、中世のヨーロッパの人々には、自分たちのことを「ヨーロッパ人」というよりかは、同じ「キリスト教徒」という意識があったと考えられる。

中世ヨーロッパは、キリスト教によって人々はある程度まとまっていたが、教会大分裂や産業革命による科学の発展でキリスト教からの人心の離反が進み、現在では政教分離にまで至るようになった。「ヨーロッパ人」としてのまとまりの礎であった宗教が揺らいだことが、二度の大戦の勃発や英のEU離脱などのヨーロッパ統合・一体化の問題が起こっている要因だとも考えられるかもしれない。

教科書 P.112　③洗礼を受けるウラジーミル1世

◀3洗礼を受けるウラジーミル1世

聖画像▶

教科書 P.96　③聖画像

教科書 P.105　③十字軍の遠征

◀十字軍の遠征

評価においては、装飾的な部分は考慮せず、文章部分を検討した。具体的な史実を適切に論拠として用いているかどうか、既習の知識や他分野・他教科の内容との結び

表1　最終評価ルーブリック（市川和也氏の原案を一部筆者が修正）

レベル	歴史的な因果関係を捉える思考力	歴史的事物による裏付け・史資料活用力
5 すばらしい	・商人・騎士・聖職者いずれかの立場に即しながら、歴史的事実を正確に捉え、因果関係を適切に推論することができている。 ・論理的整合性の取れた論が展開されており、非常に説得力のある主張が導き出されている。 ・具体的な歴史的事実に即してオリジナルな主張が展開され、当時の人々の状況が浮かび上がるものになっている。	・主張を裏付けるものとして具体的な歴史的事物が的確に精選されている。史資料が効果的に用いられている。例えば、主張が根拠づけられるとともに読者の目を引くものとなっている。 ・主張を展開する中で、主張と相いれないと思われる歴史的事実に関しても正当に評価、または反駁している。
4 良い	・いずれかの立場に即しながら歴史的事実を捉えて、因果関係を推論することができている。 ・論理的で説得力のある主張となっている。 ・主張が具体的な歴史的事実に即しており、興味深いものとなっているが、一部齟齬や飛躍も見られる。	・主張を裏付けるものとして歴史的事物が用いられている。史資料が用いられており、主張がより客観的なものになっている。 ・主張を展開する中で、主張と相いれないと思われる歴史的事実に関して少なからず言及されている。
3 合格	・いずれかの立場に即しながら因果関係を推論することができている。 ・論の展開に齟齬や飛躍がやや見られるなどの問題があるものの、概ね妥当な主張を展開している。 ・主張が総論的なものにとどまっており、個別の具体的な歴史的事実に即するものとなっていない。	・主張を裏付けるために歴史的事物や史資料を用いようとしているが、十分とは言えない。 ・選び出された歴史的事物にやや偏りが見られ、自分の主張に引き寄せられたものになっている。
2 もう一歩	・主題に即した主張が十分に展開されていない。 ・論の展開に齟齬が見られ、説得力に問題が見られる。 ・主張が歴史的事実に関係づけられているものの、総論的・断片的な説明にとどまっている。	・主張が歴史的事象によって裏付けられていない。史資料と主張の結びつきが不十分である。または、一部に重大な事実誤認が見られる。 ・歴史的事物の選択が恣意的なものになっている。
1 かなりの改善が必要	・主題に対応する論理的・歴史的な記述となっていない。	・歴史的な事象や史資料による裏付けが示されておらず、主観的な主張に留まっている。または、重大な事実誤認が複数、見られる。

付けなど、思考を発展させているか、そしてそれらにより「ヨーロッパ人」としての意識について、自分なりの「見方・考え方」を働かせているかを評価した。

表1に、評価の際に使用した、共同研究者の市川和也氏の原案によるルーブリックを掲載する。図2に示した生徒作品の場合は、「歴史的な因果関係を捉える思考力」としてはレベル4、「歴史的事物による裏付け・史資料活用力」としてはレベル5と評価している。

5. 実践を振り返って

今回の課題は「ヨーロッパ人意識」という、実際に定見の無い事柄について推論するものだった。その難しさにもかかわらず、生徒たちは授業の内容や教科書の記述をもとに、根拠を発見し、表現しようとした。今回の課題で提示したEUに関する時事的内容だけでなく、3年時に扱った範囲である近代国民国家の形成などの授業でも、生徒たちは本課題を下地として思考しようとするなど、学習の波及も見られた。考査・模擬試験などで本課題の範囲が問われた際には、この範囲の定着率が高くなったことも読み取れた。

授業との連関、友人との交流を通じて、答えのない問いに対して自分の考えを表明する際に、根拠をもって思考できたことが、生徒にも思考することへの自信を与えたと考える。

授業進度の確保には課題が残った。また、生徒が作品を作成する時間の確保と、教員がフィードバックを丁寧に行う時間の確保も不十分であった。課題をよりサイズダウンし、新聞の1コラムを作成する程度のものとし、作成と確認のサイクルを細かく回していくことで、生徒にとっては自分の力の伸びを実感し、教員にとっては比較的容易に実践を重ねることができよう。

〈注〉
・本実践は、京都大学の西岡加名恵教授ならびに院生の市川和也氏との共同研究として取り組んだ。詳細は、次の文献も参照されたい。市川和也「高等学校世界史Bにおけるパフォーマンス課題を取り入れた授業実践 —— 単元「地中海世界の形成とオリエントとの融合」を例に ——」京都大学大学院教育学研究科教育方法学研究室『教育方法の探究』第22号、2018年、pp.69-78。

身近な場面を「数学化」して考える
―― 単元「図形と計量」――

広島県立三次高等学校　中木 俊宏

　高等学校数学科では、「事象を数学化したり、数学的に解釈したり、数学的に表現・処理したりする技能を身に付けるようにする」ことが求められている（2018年改訂　高等学校学習指導要領解説　数学編・理数編）。今回の実践は、数学Ⅰ「図形と計量」において、応用例題でも多く取り上げられる測量に関する課題を設定したが、単なる求値問題ではなく、その方法や手順を説明するものとした。実社会等との関わりを意識した数学的活動の充実を図っているという目標を掲げていることから、身近な場面を数学化して考えられる課題である。このパフォーマンス課題の研究、実践を始めたのは前任校に勤務していた2016年度からである。本章では、当時の実践（以下「2016年度版」と表記する）について報告するとともに、当時の反省点・課題点を改善してきた現在の勤務校での実践（以下「2019年度版」と表記する）についても報告する。

1. 単元目標と評価方法

　本単元では、次のような「単元目標」、「本質的な問い」と「永続的理解」を設定した。

- ●「単元目標」：日常の事象を数学的に捉え、解決への過程を説明することができる。
- ●「本質的な問い」：三角比というアイデアを上手に生かす方法はどのようなものか。
- ●「永続的理解」：三角比は、角の大きさを用いて計量するという数学的なアイデアであり、直接長さを測ることができない場面でも角の大きさを測ることによって長さを求めることができる。

　また、生徒たちには、次のようなパフォーマンス課題をそれぞれ与えた。

● パフォーマンス課題（2016年度版）「文化祭の看板を設置しよう。」

　信宏くんの高等学校では、文化祭の看板を学校の屋上から垂れ幕にして設置することにしました。看板は多くの人が通行する道路から見える高さに設置したいと考えています。しかし、校舎と道路の間には建物が立っています、そこで信宏くんは、道路から看板が見えるようにするため、校舎の高さと地上からの看板の高さについて考えました。あなたが信宏くんなら、道路から看板が見えるようにするためには、看板の下端を地上からどれくらいの高さにしたらよいと考えますか。その高さを求める方法を説明しなさい。

　ただし、このあたり一帯は平らな土地で、使える道具は長さを測ることのできるメジャーと角の大きさを測ることができる分度器のみとします。

● パフォーマンス課題（2019年度版）「文化祭の看板を設置しよう。」

　博伸くんの高等学校では、文化祭の看板を学校の屋上から垂れ幕にして設置することにしました。看板は多くの人が通行する道路から見える高さに設置したいと考えています。しかし、校舎と道路の間には三高会館が立っています、そこで博伸くんは、道路から看板が見えるようにするため、校舎の高さと地上からの看板の高さについて考えました。次の会話は、看板の高さの決め方について友達の真治くん、健太くんと話したものです。

博伸「看板を目立つようにしたいのだけど、看板が大きすぎると三高会館の建物に隠れて通行している人から見えなくなるね。通行している人がどこに立っても看板が見えるようにするには、地上からどの高さに看板を設置すればよいだろうか。」

健太「真治が実際に立って、博伸と僕が看板を持ちながら、どんな風に見えるか調整すればいいんじゃない？」

真治「それだと大変な作業になるよ。看板の高さを計算して出せばいいんじゃないかな。」

博伸「それがいいね。どこが直接測れる箇所か整理して図を用いて考えよう。」

健太「では、メジャーと分度器を用意してくるね。」

課題：あなたが博伸くんなら、道路から看板が見えるようにするため、どのように看板を設置すると考えますか。その「看板の高さを求める方法」を説明しなさい。

2. 単元の流れ

単元「図形と計量」の流れは次の通りである。

> §1：三角比（5時間）
> §2：正弦定理・余弦定理（7時間）
> §3：図形の計量（8時間）※パフォーマンス課題は最後の3時間で実施

　レポートを一度提出させた後に4名程度の小グループを編成し、5分以内で考えを発表する時間を1時間設けた。そして、全体での共有・まとめ・振り返りの時間をさらに1時間設け、計3時間でパフォーマンス課題に取り組んだ。

3. 課題を提示する際の留意点と2016年度版から2019年度版への改善点

　単元を通して学習してきた三角比の定義や性質、図形の計量で活躍する正弦定理や余弦定理など、「三角比」というアイデアをどのように活用できるかが単元の中核に位置する重点目標となる。様々な知識やスキルを総合して使いこなすことを求めるパフォーマンス課題では、これらのことを踏まえて「どのような方法・手順で課題を解決できるか」の流れを生徒に考えさせたい。そのためには、教師側がある程度の場面設定をする必要があるのではないかと考える。2016年度版では、課題を解決するために必要な条件を教師側から提示せず、生徒たちに気付かせるようにした。直接測れない箇所を生徒は様々な工夫を凝らして求めており、中学校で学習した内容までの知識で課題を解決していた者も少なくなかった。そのため、2019年度版では、課題を解決するために必要な条件を全体で整理・共有した。その後に、各自の考察・レポート作成に取りかかるようにした。そのため、条件を把握する段階までは評価対象とせず、それをどのように表現して課題解決の手順を説明したかに焦点を合わせた。

4. ルーブリックと生徒の作品例

　生徒の作品例を資料1、資料2に、パフォーマンス評価で活用したルーブリックを表1、表2に示す。

　2016年度版では、図における点の置き方が不十分であったり三角比を用いていないことなどから2観点ともB評価とした。しかし、道路上に3点を設定して「どこからでも見えるように」という条件をクリアしようとしている点が非常に惜しい作品で

ある。この条件を踏まえたモデルを用いて、三角比のアイデアを用いて正しく表現すればS評価だろう。

資料1　生徒の作品例（2016年度版）

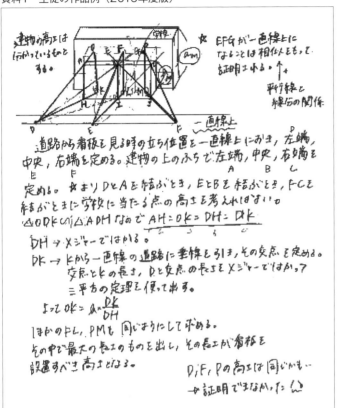

表1　ルーブリック（2016年度版）

	課題場面の数学化	数学的表現
S評価	現実的な場面を正しく数学化しており、また、別の方針でも考え、それは独創的なものになっている。	自分の考えを、式や表、グラフ、ことばなどを用い表現し、それは簡潔明瞭で、論理的に正しく、洗練されたものである。
A評価	現実的な場面を正しく数学化している。	自分の考えを、式や表、グラフ、ことばなどの表記を活用して正しく表現することができる。
B評価	現実的な場面を数学化しようとしている。が、考え方に誤りが一部存在する。	自分の考えを、式や表、グラフ、ことばなどの表記を用いて表現できるが、誤りが一部存在する。
C評価	現実的な場面の中で、数学的な要素を見つけることができない。	自分の考えを、式や表、グラフ、ことばなどの表記を用いて表現できない。

資料2　生徒の作品例（2019年度版）

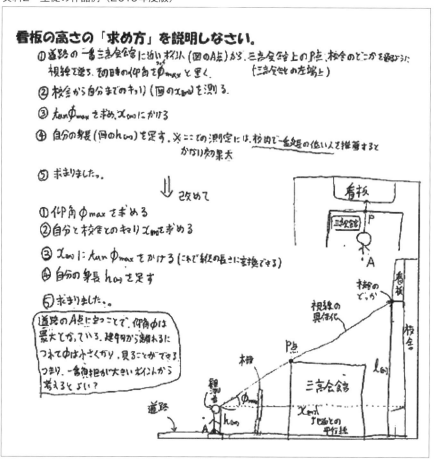

表2　ルーブリック（2019年度版）

	課題場面の数学化	数学的表現
S評価	A評価のものに加えて、「道路のどこから見ても看板を設置する高さは変わらない」ことを踏まえたモデルを正しく示している。	A評価のものに加えて、「道路のどこから見ても看板を設置する高さは変わらない」ことを説明できている。
A評価	現実的な場面を正しく数学化している。	直接測れる箇所、測れない箇所を正しく捉えて、看板の高さを求める手順を、三角比を用いて正しく説明できている。
B評価	現実的な場面をモデル化しようとしているが、考え方に誤りが一部存在する。	自分の考えを、式や表、グラフ、ことばなどの表記を用いて表現できるが、誤りが一部存在する。
C評価	現実的な場面の中で、数学的な要素を見つけることができない。	自分の考えを、式や表、グラフ、ことばなどの表記を用いて表現できない。

2019年度版では、道路上の１点に着目し真横から見たモデルとした生徒が多かった。問題集に類題が多く存在し、経験からイメージしやすかったと考えられる。また、本課題では会館と校舎間の距離は直接測れないよう場面設定をしたが、観測者から校舎までの距離を測っていたものも多かった。資料２の作品の評価は２観点でA評価、B評価とした。

5. 実践を振り返って

　今回の課題に取り組んだ生徒からは、次のような振り返りが寄せられた。「どのような図が最適か考えるところが難しかったが、三角比は距離を測る際にはとても便利だと思った」、「いつもは問題文のとおりに図をかけばよいが、この課題ではどのような図をかけばよいのか悩んだので難しかった」。このように条件を整理してその条件を満たすような状況を考える力こそ、現実場面を数学化して課題を解決できる鍵となる。パフォーマンス課題で必要となるような力を身に付けさせるというゴールに向けて、課題に対してどのような場面か、どのような図になるかを普段の授業から工夫して考えさせることが重要であると感じた。まさに「逆向き設計」論の重要性を痛感したところである。

　また、指導者は状況のリアリティを損なわない程度に単純化した課題を設定することが大切であると感じた。単元とパフォーマンス課題それぞれの目的を明確にし、単元の「本質的な問い」を学習者自身が問い、主体となって課題に取り組めるような課題設定ができるよう、これからも研鑽を積んでいきたい。

〈参考文献〉
・西岡加名恵『教科の「深い学び」を実現するパフォーマンス評価』日本標準、2019年、pp.10-21。
・西岡加名恵『資質・能力を育てるパフォーマンス評価』明治図書、2016年、pp.50-57。
・石井英真『今求められている学力と学びとは──コンピテンシー・ベースのカリキュラムの光と影──』日本標準、2015年、No.14 p.56。
・『高等学校学習指導要領解説』2019年7月。
・久保田聖三『高等学校数学科におけるパフォーマンス課題を取り入れた学習指導の在り方』広島県教育センター、2016年。
・京都大学大学院教育学研究科 E. FORUM『「スタンダード作り」基礎資料集（第２集）』2017年、pp.115-118。

数列の有用性を実感させる
── 単元「漸化式と数列」──

広島県立広島高等学校　金子 洋平

　本校数学科は2016年度から、高校１年次の生徒を対象に、「数学Ⅰ」「数学Ａ」の２科目において、各科目１回ずつ、計２回のパフォーマンス課題及びパフォーマンス評価を実施している。パフォーマンス評価の結果は成績評価に算入することとした。それ以後、実践を重ねるごとに修正を積み重ねながら、現在に至っている。

　筆者が今回実践を行った高校２年次の生徒は、2018年７月の豪雨災害により、授業時数が大幅に削減された影響で、高校１年次におけるパフォーマンス課題の実施を縮小せざるを得なくなった学年である。しかし、パフォーマンス課題に取り組む生徒の様子や、実際に現れるパフォーマンスは、いわゆる「通常の授業」でみられるそれとは違った様相を呈することを、数多くの実践から学んできた筆者としては、数学Ⅱ以降の高度な科目においても、教材の特質に応じて、パフォーマンス課題に取り組ませることが適当であると考えていた。令和元年度に公開研究授業の機会を得て、数学Ｂの「数列」におけるパフォーマンス課題を生徒に課し、その一端を見ていただいた。本章ではそれについて述べる。

1. 単元目標と評価方法

　今回、研究授業を行った単元は、高等学校学習指導要領第２章第４節第２款第５「数学Ｂ」２（２）イ（ア）「漸化式と数列」である。そこでは、目標が以下のとおり掲げられている。

> 　漸化式について理解し、簡単な漸化式で表された数列について、一般項を求めること。また、漸化式を事象の考察に活用すること。

　これを踏まえて、本単元の目標を以下のとおり設定した。

> 　簡単な漸化式で表された数列の一般項を求めることができる。
> 　漸化式を事象の考察に活用することができる。

また、本単元におけるパフォーマンス課題を構想するにあたり、以下のとおり「本質的な問い」と「永続的理解」を設定し、それに基づき、下図のような単元構造図[1]を設定した。

● 「本質的な問い」：将来を予測する際、数列の考え方はどのように応用できるか。
● 「永続的理解」：変化の様子を捉えて漸化式を作ることが有効である。
　　　　　　　（等差数列や等比数列およびその和としてとらえることも大切である。）

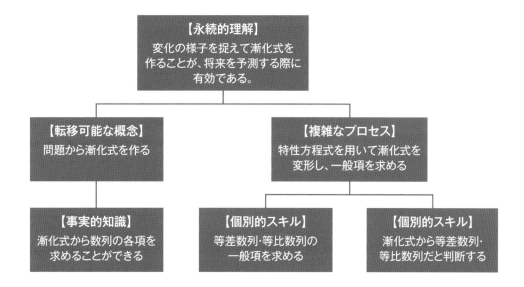

また、生徒たちには、次のようなパフォーマンス課題を与えた。

● パフォーマンス課題「薬剤投与」
　　ある病気Dを治療するための錠剤が開発された。この錠剤の特徴は以下のとおりである。
　　　［1］Dを治療するための有効成分が、1錠あたり4mg配合されている。
　　　［2］服用後、体内の有効成分量は時間とともに減っていき、8時間経つと、服用直後の半分になる。
　　　［3］体内に有効成分が30mg以上あると、副作用が出る。
　　　［4］体内に有効成分が2mgないと、Dの治療に対する効果を発揮しない。

　　医師であるあなたは、この病気Dにかかった患者に対し、8時間おきに、1日3回の服用を指示し、数日分の錠剤を処方しようとしている。

（1）この錠剤の投与計画（服用期間、1回あたりの服用量）を決定しなさい。

（2）後日、病気Dにかかった別の患者に対し、（1）と同様に処方しようとしていた矢先、患者から「先生、3回に分けて飲むのは面倒です。1回で1日分をまとめて飲んでもいいですか？」と相談されました。医師として、この患者が納得するように、この相談に対する返答内容を検討しなさい。

2. 単元の流れ

本単元の流れは下表の通りである。

時	学習内容・学習活動	評価	
		評価規準	評価方法
1	数列の漸化式と項 漸化式で定められる数列の一般項 （等差、等比、階差数列の利用）	・漸化式の意味を理解している。（知） ・階差数列の考え方を用いて、一般項を求めることができる。（技）	記述 行動観察
2	漸化式で定められる数列の一般項 （等比数列に帰着させる変形）	・等比数列に帰着させて、漸化式から一般項を求めることができる。（技）	記述 行動観察
3	漸化式で定められる数列の一般項 （様々な変形）	・様々な変形を用いて、漸化式から一般項を求めようとする。（関）	記述 行動観察
4	図形と漸化式	・図形の問題を、漸化式を用いて考察することができる。（見）	記述 行動観察
5 6	パフォーマンス課題	（評価ルーブリックによる。）（見）	パフォーマンス評価

また、パフォーマンス課題の扱いについては、以下のとおりである。

●第1時　パフォーマンス課題及びパフォーマンス評価を実施することを予告し、その意義等を説明する。この段階では、課題の中身については知らせない。

●第4時　課題の中身を含めて詳細を知らせる。そのうえで、次時までに、各自が可能な範囲で仮レポートを作成することを指示する。

●第5時　各自が作成してきた仮レポートを持ち寄り、班を編成し、班ごとにポスターを作成させる。

●第6時　ポスターツアー形式での中間発表会を実施した後、最終成果物の作成を指示する。

3.「ポスターツアー」について

ポスターツアー[2]の大まかな流れは以下のとおりである。

① 班を編成し、テーマに沿ってポスターを作成する。（図1）

② 班を解体して、1班最低1人ずつが含まれるように「ツアーグループ」を編成する。
（図2）

③「ツアーグループ」ごとに全ポスターを回る。「ツアーグループ」の各メンバーは、自
分たちが作成したポスターのところに回ってきた際には、責任をもって説明する。

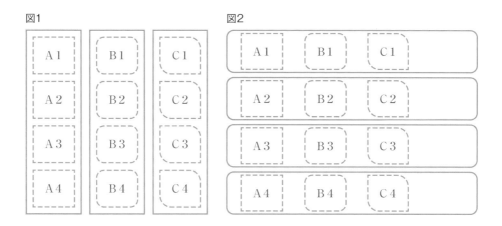

図1　　　　図2

今回、パフォーマンス課題の最終発表会において、「ポスターツアー」形式の中間
発表会を取り入れた。その意図は以下の2点である。

①全員が発表者となれること

例年の実践では、グループ内発表会を経て選ばれた数名が全体の前で発表する形
式であったが、この形式を採用することで、全員が「本番」を経験できることに違
いがある。

②質疑応答が活発になることが期待できること

①に述べた全体発表においては、なかなか質問者が出てこないのが常であった。
この形式を採用することで、質問することやそれに答えることに対する心理的障壁
が軽減され、より一層活発な質疑応答がなされ、それによって生徒の見方や考え方
の深化に資すると考えた。

4．ルーブリックと生徒の作品例

　今回の授業では、下記ルーブリックを印刷して生徒に配付し、ポスターツアーの最中にその場で記入し、発表者に手渡すという生徒相互評価を実施した。その後、最終成果物として個人レポートを作成させ、それを上記ルーブリックによって評価した。

	課題場面の数学化	数学的表現
S評価	現実的な場面を、数列の考え方を用いて正しく数学化しており、それは独創的なものになっている。	自分の考えを、ポスターや口頭発表、質疑応答等で表現し、それは簡潔明瞭で、論理的に正しく、洗練されたものである。
A評価	現実的な場面を、数列の考え方を用いて正しく数学化している。	自分の考えを、ポスターや口頭発表、質疑応答等で正しく表現することができる。
B評価	現実的な場面を、数列の考え方を用いて数学化しようとしているが、考え方に誤りが一部存在する。	自分の考えを、ポスターや口頭発表、質疑応答等である程度表現できているが、誤りが一部存在する。
C評価	現実的な場面の中で、数学的な要素を見つけることができない。	自分の考えを、ポスターや口頭発表、質疑応答等で表現できない。

　右図は、班ごとに作成したポスターの一例である。全般的に、パフォーマンス課題としてというよりは、数学の問題としてとらえている班が多かったように感じた。右図のポスターでは1回につき4錠ずつ飲む場合、2回までなら副作用が出なくて済む、という解を導いている。数学的にはそれで正しいが、薬を2回しか飲まないというのは現実場面では考えづらい。そのことに発表中に気付いたのか、四角で囲んだ部分に「1日まで　基本ムリ」という走り書きが見える。この感想を全体で共有したうえで、個人レポートの作成を指示した。

2錠：同様にして、
$$y_{n+1} = \frac{1}{2}(y_n + 8)$$
$$y_n = (-4)\left(\frac{1}{2}\right)^{n-1} + 8$$
$$y_n = (-4)\left(\frac{1}{2}\right)^{n-1} + 16$$

3錠：同様にして、
$$y_{n+1} = \frac{1}{2}(y_n + 12)$$
$$y_n = (-6)\left(\frac{1}{2}\right)^{n-1} + 12$$
$$y_n = (-6)\left(\frac{1}{2}\right)^{n-1} + 24$$

4錠：同様にして、
$$y_{n+1} = \frac{1}{2}(y_n + 16)$$
$$y_n = (-8)\left(\frac{1}{2}\right)^{n-1} + 16$$
$$y_n = (-8)\left(\frac{1}{2}\right)^{n-1} + 32$$

nこ手記憶 → 旧まで 基本ムリ

　次ページの図は、ポスターツアー形式の発表会が終わった後、生徒ごとに作成させたレポートの一例である。上記のような反省を踏まえ、四角で囲った部分のように、より医師になりきったと評価できる記述が増えた。

このような記述が最初から出てこなかったのは、ひとえに問い方の問題であったと感じる。今回の問いは「返答内容を検討しなさい。」という問い方であったが、問い方を「相談に対し、何を

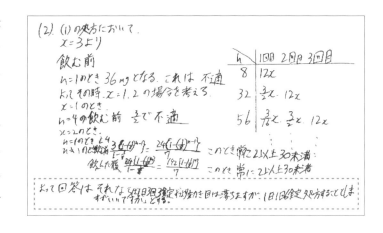

根拠として、どのように返答しますか。」のような形にした方がよかったと思われる。班ごとのポスターを見ると、どの班も返答内容を検討する過程を記述しており、返答内容そのものを書いている班は皆無だった。返答内容がもっと前面に出てくるような問い方をすべきであった。

5．実践を振り返って

　成果としては、生徒の学びに対する自己評価が向上したことが挙げられる。本校では授業アンケートを年に2回実施しているが、その中の「一つの単元で身に付けた知識や技能を別の単元や教科の学習などに生かそうとしている。」という項目に対し、肯定的に回答した生徒（「そう思う」「どちらかといえばそう思う」と回答した生徒）の割合は90.5％から97.6％へ、その中でも「そう思う」と回答した生徒の割合は61.9％から69.1％へ上昇した。

　課題としては、ルーブリックの設定が挙げられる。前ページに記載したルーブリックのうち、最高評価の記述の中で「独創的なものになっている」という記述をしたが、医師という役割になりきることを考えたとき、独創的であることが最高評価なのか、というご指摘を、公開研究授業のときに頂いた。ルーブリックは成果物の方向性を決めるものであるため、その設定は慎重に、かつ柔軟にすべきであることを実感した。今後一層、実践を積み重ねていきたい。

〈注〉
(1) 西岡加名恵、石井英真『教科の「深い学び」を実現するパフォーマンス評価 「見方・考え方」をどう育てるか』日本標準、2019年、pp.15-17。
(2) 竹中龍範、餅知隆『知識構成型ジグソー法を用いたポスターツアーの試み —— 英語授業にアクティブ・ラーニングを取り入れて —— 』香川大学教育実践総合研究、34、2017年、pp.44-45。

化学と日常生活との関わりを深く探究する
── 単元「高分子化合物の性質と利用」──

広島県立呉三津田高等学校　福本 洋二

　化学の目標は「化学的な事物・現象に対する探究心を高め、目的意識をもって観察、実験などを行い、化学的に探究する能力と態度を育てるとともに、化学の基本的な概念や原理・法則の理解を深め、科学的な自然観を育成する」（学習指導要領）ことである。生徒自らが課題を見付け、見通しをもって主体的かつ意欲的に観察、実験などに取り組むことで、科学的な思考力・判断力・表現力を身に付けることができ、化学に対する興味や関心を探究心にまで高めることができる。

　この授業は、前々任校である広島県立広島高等学校、前任校である広島県立広島観音高等学校で有機・高分子化合物の総まとめとして実施した。有機・高分子化合物を学習する時期は３年次の２学期で、特に、高分子化合物は性質を中心に扱う授業が多いように思う。実験は糖類やタンパク質の簡単な性質や反応を中心に行うことが多い。この単元は化学の中で最も日常生活との関連が深い分野であるが、日常生活との関わりについて深く探究することなく扱っていた。

　そこで今回の実践では、身近な化学物質である「薬」に注目し実験・観察を行い、レポート（報告書）を作成させることで、科学的な思考力・判断力・表現力の育成が図れるようにした。また、作業はすべてグループ単位で協働的に行わせることで、互いの意見を尊重しながらよりよいものを作り出す資質・能力も身に付けさせたいと考えた。

1.　単元目標と評価方法

　高分子化合物の性質と利用では「高分子化合物の性質や反応を観察、実験などを通して探究し、合成高分子化合物と天然高分子化合物の特徴を理解させるとともに、それらを日常生活や社会と関連付けて考察できるようにする」ことが目標である。

　これらの目標に対して、本単元では、次のような「本質的な問い」と「永続的理

解」を設定した。

● 「本質的な問い」：身の回りの物質に含まれる有機・（天然）高分子化合物はどのよう
　　　　　　　　　　に特定できるのか。
● 「永続的理解」：身の回りの有機・（天然）高分子化合物を特定するためには呈色反応
　　　　　　　　　等を利用すればよい。

　今回の授業では、身近な化学物質である解熱作用を持つ市販薬に注目し、次のよう
なパフォーマンス課題を与えた。

● パフォーマンス課題「薬中の解熱剤・添加剤の特定」
　　あなたは製薬会社の研究員です。他社の解熱剤の有効成分と薬中に含まれる添加
　剤を調べ上司に報告することになりました。各自（班）で実験を計画、実施し報告
　書を作成してください。

　市販の薬中に含まれる解熱剤、添加剤を特定する課題を与え、仮説の設定、実験の
計画、実験による検証、実験の分析・考察・表現などを既習知識と関連付けながら科
学的に探究する方法を習得させるようにした。

2. 単元の流れ

　この単元は次ページの表に示すように、パフォーマンス課題を仕上げる時間までを
含めて全10時間を必要とする。有機化合物の総まとめと考えると、40時間必要であ
る。

　この単元は第1次から第4次までとし、パフォーマンス課題は第4次で実施する。
パフォーマンス課題は実験に1時間、実験前に解熱剤の種類・薬の添加剤の役割等の
学習・仮説の設定及び実験の計画で1時間、実験後にまとめと発表の時間を1時間、
合計3時間で実施する。また、実験を実施する前には実験の計画書を提出させ、実験
方法や記録の取り方等についてアドバイスを行っている。

　発表は班ごとに行い、生徒同士で質疑応答を実施し、最後に薬に含まれる、成分
（化学物質）の提示を行っている。

次	時	学習内容・学習活動	評価規準
1	1	高分子化合物	高分子化合物の特徴について理解している。
2	2 3 4	天然高分子化合物 ・単糖類・二糖類 ・多糖類	単糖類の構造、性質について理解している。 単糖類の組み合わせから二糖類・多糖類の構造を推測し還元性等の性質を予想できる。
3	5 6 7	・アミノ酸 ・タンパク質 ・核酸	アミノ酸・タンパク質・酵素の構造、性質、反応について理解している。 様々なペプチドについて推測できる。
4	8 9 10	・薬中の解熱剤・添加剤 　の特定	ルーブリックによる。

3. 解熱剤及び添加剤について

　市販薬の解熱剤の成分としては、アスピリン、アセトアミノフェン、イブプロフェンを含むものが多い。この授業では、高校生の知識で十分に区別できるアスピリンとアセトアミノフェンを含む市販薬を用意した。

　薬の添加剤は、以下に示すような目的で加えられており、有機・高分子化合物の分野で学習する物質を含んでいる場合がある。

賦形剤：有効成分のみでは微量で取り扱いに困難なため、取り扱うことが容易な嵩・質量にするために加える。デンプン、乳糖、結晶セルロースが使用される。

結合剤：薬を粒にする際に、粉末同士をくっつける必要があり、そのために加える。デンプンを加熱溶解したデンプン糊にはこの作用がある。

コーティング剤：苦味をマスクしたり、外気や湿気から内部を保護したり、体内での崩壊・溶出の調節をしたり、他の錠剤と区別し易くしたり、錠剤の外観を美しくしたりするために使用される。糖（ショ糖・乳糖）等が用いられる。

カプセル：ゼラチン（タンパク質）を基剤にしたもので、広く使用されている。ゼラチンは人体に無害であること、体内で容易に消化吸収される動物性タンパク質であることから使用される。

　添加剤に含まれている、糖類、デンプン、タンパク質等の検出がしやすい市販薬を複数選びパフォーマンス課題に用いた。

4．ルーブリックと生徒の作品例

　この実践のルーブリックは**表1**の通りである。「実験の計画、実験・観察の技能」及び「思考・判断・表現」の観点を4段階とし、評価は授業（実験）中の様子や実験後に提出されたレポートをもとに実施した。

表1　ルーブリック

段階	実験の計画、実験・観察の技能	思考・判断・表現
S	実験を適切に計画し、実験を安全に正確に実施することができる。また実験結果を正確に観察し、記録することができる。	実験の意味を理解し、結果から解熱剤、添加剤を正しく特定できる。
A	実験を適切に計画し、実験を安全に実施することができる。また実験結果を観察し、記録することができる。	実験の意味を理解し、結果から添加剤を正しく特定できる。
B	実験を適切に計画し、実験を安全に実施することができる。また実験結果を観察し、記録することができるが、観察や記録がやや不十分である。	実験の意味を理解し、結果から解熱剤を正しく特定できる。
C	実験に計画性がない。実験を実施することができるが、観察、記録が不十分である。	実験の意味を理解していない。

　資料1（次ページ）のレポートは解熱剤としてアセトアミノフェン、添加剤としてタンパク質（ゼラチン）、デンプンを含んでいる。薬を溶かした溶液にヨウ素液をいれた瞬間に色が落ちることから、還元剤（ビタミンC）が含まれていることを予想するなど鋭い考察となっている。また、粒子状の薬とカプセルに分けて実験を実施しほぼ正しい結果が得られている。ルーブリックでは「実験の計画、実験・観察の技能」についはA、「思考・判断・表現」についてはSとしている。実験結果の観察において、加えた試薬（溶液）の色を考慮して呈色したかどうか判断できていないものもある。

平成29年度　広島県立広島中学校・広島高等学校　公開授業研究会

パフォーマンス課題

あなたは、製薬会社の研究員です。他社の解熱剤の有効成分と薬中に含まれる添加剤等を調べ会社へ上司に報告することとなりました。各自（別で）で実験を計画、実施して報告書を作成してください。

分析する薬
A:バッサリン（昭和デバファーマ）　　B:CONTAC（グラクソ・スミスクライン・コンシューマー・ヘルスケア・ジャパン）
C:アイフェー（小林製品工業）　　D:エスタックTR（エスエス製薬）

解熱剤として使用される物質
アスピリン　　アセトアミノフェン

予想される添加剤の種類
でんぷん、デンプン、アミノ酸、糖（果糖、乳糖）

実験計画

〈解熱剤〉
1）塩化鉄(Ⅲ) 水溶液を加える　　　　呈色　→ アセトアミノフェン
2）NaHCO₃ 水溶液を加える　　　　　CO₂発生　→ アスピリン

〈添加剤〉
1）ウンパク質　　… ビウレット反応　　　赤紫呈色 → うンパク質を含む
2）デンプン　　　… ヨウ素デンプン反応　青紫色　→ デンプンを含む
3）糖　　　　　　… フェーリング液の還元　Cu₂O の赤色沈殿 → 糖を含む
4）アミノ酸　　　… ニンヒドリン反応　　赤紫呈色 → アミノ酸を含む

報告書 (D)

使用した薬　　エスタックTR

〈結果〉
1. 薬

（解熱剤）
塩化鉄(Ⅲ) の　　　—　　変化する呈色
NaHCO₃ の　　　　—　　変化なし

（添加剤）
ビウレット反応　　　—　　うすい紫呈色
ヨウ素デンプン反応　—　　濃い色に変化した
フェーリング液の還元—　赤色沈殿ができた
ニンヒドリン反応　　—　変化なし

〈考察〉
1. 薬

（解熱剤）塩化鉄（Ⅲ）水溶液と反応して、
うすい紫色に変わり、ニンヒドリンの色が変化しなかった
ため、アセトアミノフェンである。

（添加剤）
うすい紫色で呈色したため、少量のうンパク質が入っている。
ヨウ素デンプン反応で濃い色に変化したことから、高いデンプンが入っている。また、フェーリング反応で赤色沈殿が見られたことから糖が入っている。ニンヒドリン反応では変化がみられなかったことから、アミノ酸は入っていると考えられる。

報告書 (D)　　エスタックTR

2. カプセル

ビウレット反応　　—　変化しない
ヨウ素デンプン反応—　変化しない
フェーリング液の還元—変化なし
ニンヒドリン反応　—　変化なし

2. カプセル
ビウレット反応で変化しなかったため、うンパク質を含んでいると考えられる

5. 実践を振り返って

　今回の実践では、15種類の市販薬（解熱剤）を準備し予備実験を行ったが、次の2点で苦労した。1点目は、市販薬の量や実験に用いる試薬の濃度の調整である。試行錯誤しながら調整した。2点目は、解熱剤や添加剤が検出しやすい薬を見つけることである。予備実験を繰り返しながら、適切な薬を選定した。試薬の調整や薬の選定は、まさに探究的な活動であった。評価については、生徒のレポート（報告書）を基に行ったが、評価が難しい報告書も見られた。今後ルーブリックの改善も必要だと考えている。

　終わりに、事後に実施したアンケートの結果（抜粋）と感想についてまとめておく。

【アンケート】※1. よくあてはまる　2. どちらかといえばあてはまる　の肯定評価の割合（%）

・パフォーマンス課題を行うとき、問題解決する方法を考えた。（94%）

・実験結果をもとに十分考察した。（91%）

・化学物質が生活を豊かにしていることに気づき、興味・関心が高まった。（91%）

【生徒の感想】

・医薬品に化学物質が使われているのを知っていたが、それを改めて実感できて面白かった。また、自らの学びによって薬の成分を特定できるようになっていることを再確認でき、化学の面白さを感じられたのが良かった。複数の実験を組み合わせて総合的に判断していくところがよかった。

〈参考文献〉

・松下佳代『パフォーマンス評価——子どもの思考と表現を評価する』2007年、日本標準。
・独立行政法人　農畜産業振興機構ホームページ

生物の本質に関する理解を深める
── 単元「免疫」──

大分県立大分舞鶴高等学校　池 恩變

　生物基礎や生物は、生徒（特に文系生徒）にとって、暗記するだけの教科になりがちである。特に生物基礎で学習する免疫の範囲は、顕著にその傾向がみられる。免疫は我々の日常において非常に身近な存在であるため、生徒が興味・関心を持ち易い単元であるが、実際にこれを授業でとりあげると、教員から生徒に向けての知識伝達型の授業になりがちである。その結果、授業が進むにつれて生徒は覚えるだけの学習範囲として捉えるようになり、単純な暗記作業を繰り返すため、「物理的・化学的な防御」、「自然免疫」、「適応免疫」、「体液性免疫」、「細胞性免疫」などの本質を十分に理解することが出来ず、考査や模試において苦戦する様子が伺える。そこで、本パフォーマンス課題では生徒が免疫の学習範囲を身近に感じながら学習を進めていくなかで、興味・関心を維持し、学習への意義を感じることで免疫の本質を理解できる工夫を試みた。

　本パフォーマンス課題は、2016年8月の京都大学大学院教育学研究科E. FORUMにおけるパフォーマンス課題の作成の研修において、提案されたアイディアを基に授業案を作成し、2016年度、2017年度、2019年度に大分県内の2校で行った実践を総括して紹介する。

1．単元目標と評価方法

　単元「免疫」では、次のような「本質的な問い」「永続的理解」とパフォーマンス課題を設定した。パフォーマンス課題は、生徒の進路や興味・関心に即して2つ準備し、生徒の希望に合わせて3〜4名の班を作った。評価は生徒発表に対して、作成したルーブリックを基に行った。

- ●「本質的な問い」：人は、体外からの異物の侵入に対して、どのように体内の恒常性を保ちながら生きているのだろうか？
- ●「永続的理解」：
  　異物（抗原）は、先ず物理的・化学的防御により、それが体内に侵入することを

阻止される。しかし、それでも体内に侵入して来た異物は、好中球・マクロファージ・樹状細胞の食作用によって排除される（自然免疫）。さらに、マクロファージ・樹状細胞は、食作用によって取り込んだ異物をヘルパー・キラーT細胞に提示する（抗原提示）。異物を認識したヘルパーT細胞は、B細胞を活性化させる。活性化されたB細胞は形質細胞（抗体産生細胞）へと分化し、抗体を産生する。産生された抗体は、異物と結合する（抗原抗体反応）。抗体と結合した異物は、無毒化され、マクロファージなどの食作用により排除される。この一連の過程を体液性免疫という。一方、キラーT細胞が活性化された場合、キラーT細胞が異物に感染した細胞や組織、移植片を攻撃し、破壊する（細胞性免疫）。体液性免疫と細胞性免疫は共に適応免疫（獲得免疫）と呼ばれ、同じ異物が再び体内に侵入した場合、記憶細胞の働きによって速く強く免疫応答がおきる（二次応答）。これを応用した医療が予防接種である。このような免疫システムがはたらくことで、人の生存が可能となる。

＊免疫システムについて本パフォーマンス課題での見解

　　数年前の教科書ではヘルパーT細胞がB細胞とキラーT細胞を活性化する流れが主に記載されていたが、ここ数年、樹状細胞がキラーT細胞を活性化する流れが記載され、ヘルパーT細胞がキラーT細胞を活性化することについては「場合によって」という記載がなされている。ゆえに本パフォーマンス課題での「永続的理解」は、上記のようにした。

● パフォーマンス課題

【課題A】中学校勤務の養護教諭

　1）目的

　　　体液性免疫を中心とした免疫システムの理解と実生活におけるインフルエンザ予防の科学的な理解。

　2）課題文

　　　あなたは中学校に勤める養護教諭です。冬になりインフルエンザが流行する前に授業で、インフルエンザウイルスが体内に入ると何が起きるのかとその予防について生徒たちに説明しようと考えました。生徒たちが分かり易いように紙芝居で説明しようと考えています。紙芝居の時間は、4分です。

　3）成果物（生徒の作品）

　　　紙芝居

【課題B】病院勤務の研修医・看護師

　1）目的

　　　細胞性免疫を中心とした免疫システムの理解と実生活における移植手術の科学的な理解。

2) 課題文

　　あなたは病院に勤める研修医（看護師）です。あなたが担当する中学生の
　〇〇君はもうすぐ腎臓の移植手術を受けます。〇〇君は本の中で移植手術の
　ときにおきる拒絶反応という言葉を知りとても不安になっています。そこで
　あなたは〇〇君の不安を取り除くために、移植のときにおきる体の免疫のは
　たらきとそれに係る拒絶反応について〇〇君について説明し、安心させよう
　と思いました。〇〇君が分かり易いように紙芝居で説明しようと考えていま
　す。紙芝居の時間は、4分です。
3) 成果物（生徒の作品）
　　紙芝居

2. 単元の流れ

本単元の流れは、下表の通りである（全6時間）。

	内容
1	〇パフォーマンス課題の提示（課題A・Bの希望調査） 〇免疫について　〇物理的・化学的防御　〇自然免疫 重要 最終的な成果物を意識させることで、学習への動機づけを強める。
2	〇獲得免疫について
3	〇免疫と様々な病気　〇紙芝居の作成 準備物 A4（B4）の紙・色ペンなどを準備する。 その他 ICT機器を提供し、インターネットの利用を許可してもよい。
4	〇紙芝居の作成
5	〇発表 その他 作成した紙芝居はiPad等で撮影し、スクリーンに投影するとよい。
6	〇発表　〇復習テスト（小テスト）　〇免疫のまとめ ＊発表している班の次の班から質問を1つ出させるとよい。 その他 時間に余裕がある場合は、教員からも質問を1つ出してもよい。

3. 指導上の留意点等

　1時間目では、最初にしっかりとパフォーマンス課題を提示し、生徒に希望する課
題を選択させた。これにより生徒は、提示されたパフォーマンス課題に対して興味・

関心を示し、3時間目まで続く座学の強い動機づけになった。座学では、従来通りの知識伝達型の授業を行った。この時点で生徒がこちらの説明を十分に理解できていないと感じても、座学の時間を増やさないようにした。生徒の理解が紙芝居の作成と発表で深まることを期待したためである。

3時間目の後半から4時間目にかけて、3～4名の班で　紙芝居を作成させた。インターネットや図書室を利用してもよいが、教科書と図説だけでも十分であった。生徒の活動時に次のような様子が伺えた。

教室全体の様子

・教科書だけで理解できない点を図説で調べる。
・免疫の範囲で学習する用語を使い、生徒間で対話を繰り返しながら理解を深める。
・他の教科・科目の教科書の利用や図書室／インターネットの利用を希望する。

なお生徒からの質問には、答えを示さず生徒なりの答えを出すためのコーチングを行うように心がけた。また、ウイルスの感

班内での活動の様子

染については体液性免疫だけでなく細胞性免疫がはたらく点や、移植については発展となるMHC抗原※について生徒は迷いながら思考することが予想されるので、追加の参考資料（筆者は「思考の種」と命名した資料）を準備し、様子をみながら生徒に配布することにより、生徒の対話や思考がより深まるようにした。

※MHC抗原：主要組織適合抗原。細胞の表面に存在するタンパク質。T細胞が自己と非自己を認識する際にMHC抗原の違いによって認識する。

5～6時間目には各班からの発表を行った。生徒の作成した紙芝居が見やすいようにiPadで撮影し、スクリーンに投影した。また、発表班と聴講生徒の理解度を確認し、向上させるために質疑応答の時間を設定した。質疑のときに時間がある場合

発表の様子

は、教員も積極的に質問した。幾つかの発表では、内容で欠けている知識や間違いがあった。教員は、その点を質疑や補足説明で補っていくようにした。これにより、足りなかった知識や間違いが徐々に修正され、6時間目に発表する班は、5時間目に発表する班よりもより完成度の高い紙芝居となった。パフォーマンス課題で示されたそれぞれの役割（養護教諭・医師・看護師）をしっかりと演じるように伝えることで、授業として面白みが増し、生徒がより積極的になる場面もあった。

4．ルーブリックと生徒の作品例

　資料1には、生徒作品の例を示している。また、課題Aの生徒発表は、表1（次ページ）のルーブリックを用いて評価した。ルーブリックの他に学習過程で使用できるようになるべき用語をリスト化し、発表のときにその用語が使用されていることを確認した。なお、ルーブリック中の☆の印は、実社会との関連が強い項目で、生徒に自分の生活と関連付けながら学習の中で科学的な見方・考え方を働かせて貰いたい箇所である（紙面の限りのため本稿では、課題Bについては記載を行わなかった）。

資料1　生徒作品の例

課題A：食作用

課題A：B細胞の働き

課題B：細胞性免疫

5．実践を振り返って

　本実践は、2018年改訂学習指導要領で記載された「学びに向かう力・人間性等の涵養」において有効な方法であると考える。実際、授業アンケートにおいて「学ぶ楽しさを感じる」という回答が知識伝達型のみの授業と比較すると4段階評価において平均値が3.1→3.4へと上昇している。また、生徒間で、既に学習した基本用語を用いて対話がなされる点や如何に表現するかを試行錯誤する点から知識の定着と深い学びとして優れた方法ともいえる。実際、単元最後の基本用語の小テストの正答率は高くなる傾向がある。しかし一方で、授業時数の確保や進学校において大学入試に向けて生徒に得点をいかにとらせるかという課題もある。何れにしても生徒が主体となる

授業が求められていることは諸先生方もご存知の通りであるので、本実践が何らかの参考になれば幸いである。

表1　課題Aのルーブリック

	A	B	C
物理的・化学的防御	第1の防御として化学的・物理的防御が具体的な例とともに述べられている。	第1の防御として化学的・物理的防御が述べられている。	化学的・物理的防御について述べられていない。
食作用	Bに加え、食作用を行う細胞3種とその違いについて述べられている。	食作用について述べられている。	食作用について述べられていない。
抗原提示とヘルパーT細胞		樹状細胞／マクロファージがヘルパーT細胞に抗原提示を行うことが述べられている。	抗原提示について述べられていない。
B細胞と抗原	Bに加え、抗体が抗原に結合し、抗原抗体反応を起こすこと、それをマクロファージが貪食することが述べられている。	ヘルパーT細胞がB細胞を活性化し、B細胞を抗体産生細胞に分化させ、抗体を産生させることが述べられている。	抗体の産生については、述べられているが、ヘルパーT細胞やB細胞・抗体産生細胞の関係が曖昧である。
☆予防について	Bに加え、その予防の科学的根拠が述べられている。例えば、予防接種における二次応答など。	うがい・てあらい・マスク・予防接種について述べられている。	予防について述べられていない。

〈参考文献〉

・嶋田正和 他『改訂版 生物基礎』数研出版、2018年、pp.126-139。
・吉里允勝利 他『六訂版 スクエア 最新図説生物 neo』第一学習社、2018年、pp.132-145。
・Charles A. Janeway他（笹月健彦 監訳）『免疫生物学』南江堂、2006年。
・大里外誉郎 他『医科ウイルス学』南江堂、2006年。

「内分泌系の専門医」の シミュレーションで学ぶ
── 単元「体内環境の維持のしくみ」──

広島県立広島高等学校　和泉 裕志

　2009（平成21）年に告示された高等学校学習指導要領では、生物基礎の目標として「日常生活や社会との関連を図りながら生物や生命現象への関心を高め、目的意識をもって観察、実験などを行い、生物学的に探究する能力と態度を育てるとともに、生物学の基本的な概念や原理・法則を理解させ、科学的な見方や考え方を養う。」とされている。

　しかし、昨年までの生物基礎や生物の授業では、重要用語の増加や指導内容の高度化によって、授業で生徒が主体的に学ぶ機会を十分に与えられていなかった。特に今回の「体内環境の維持のしくみ」の単元では、内分泌系や自律神経系の特徴や作用、それらによる体内環境の調節のしくみを教師が羅列的に生徒に教授するだけの授業になりがちである。

　そこで今回の実践では、日常生活との関連を図り、生徒が興味・関心をもって主体的に探究活動に取り組めるパフォーマンス課題を扱った。

1. 単元目標と評価方法

　単元（2）生物の体内環境の維持ア生物の体内環境（イ）体内環境の維持の仕組みでは、「体内環境の維持に自律神経とホルモンがかかわっていることを理解すること。」が目標とされている。

　そこで本単元では、日常生活との関連を図る目的として「脳下垂体腺腫」という内分泌系に様々な異常をもたらす病気を題材としたパフォーマンス課題を設定した。また生徒の科学的に探究する力の育成と単元目標の到達を目的として、その患者の抱える様々な症状から体内環境維持の仕組みの異常な状態を生徒が探究する授業を実施した。

　本単元では、次のような「本質的な問い」と「永続的理解」を設定した。

● 「本質的な問い」：体内環境の維持のしくみには体内のどのような器官が関わっているのだろうか。体内環境の維持のしくみはどのようにして成立しているのだろうか。

● 「永続的理解」：体内環境の維持のしくみには自律神経系と内分泌系が関わっており、それらが体内の様々な器官の働きや体温、体液濃度、血糖値などを一定の範囲内に調節し、体内環境が一定の範囲内の状態に維持されている。

また、生徒たちには、次のようなパフォーマンス課題を与えた。

● パフォーマンス課題「今日から君は内分泌系の専門医」
　　別紙に記載された男性は、ある内分泌の病気にかかっていると考えられる。診断結果からわかった症状や検査結果を読み取り、どのような病気にかかっていると診断できるか。またそれらの症状が見られる原因を考察し、説明しなさい。

2. 単元の流れ

　この単元の実施は、パフォーマンス課題の実施も含めて9時間で行った。その指導計画は**資料1**に示した通りである。

資料1　指導計画

[第一次] 自律神経系による調節（1時〜3時）
　・運動前後の心拍数の変化から体内環境の調節のしくみを見出す（探究活動）。
　・レーウィの実験から自律神経系による心拍数の調節のしくみを見出す（探究活動）。

[第二次] 内分泌系による調節（4時〜5時）
　・牡蠣の心拍数の変化から内分泌系による心拍数の調節について考察する（探究活動）。
　・ホルモンの作用のしくみをまとめる。
　・食事後の血糖値の変化にもとづいて、すい臓から分泌されるホルモンの分泌量の変化を考察する（探究活動）。

[第三次] 自律神経系と内分泌系による協同調節（6時〜7時）
　・血糖値や体温、体液濃度の調節についてまとめた図を説明できるようになる。

[第四次] パフォーマンス課題（8時〜9時）
　・個人診断とグループで各患者の診断結果の共有を行い、その結果をまとめた図を作成する。

第一次から第二次の冒頭までは、自律神経と内分泌系の存在と大まかな役割について生徒自らが「見出す」ことを目的として授業を展開した。また、その後は、教科書や図表といった生徒がもつ資料を活用してホルモンの作用や分泌器官、様々な調節のしくみについて主体的に学びとっていくような授業展開で実施した。そのため、各ホルモンの分泌場所や作用については、こちらからはほとんど教えていない。

　第四次のパフォーマンス課題の実施手順として、まず脳下垂体腺腫による別の症状に悩まされている３人の患者に関する「未完成のカルテ」を用意し、生徒一人一人が３人のうちの１人の事例について活動を行わせた（表1）。

表1　本時で取り扱った患者の内分泌系の状態と症状の一覧

患者	内分泌系の状態	症状
A	成長ホルモン過剰分泌、インスリン分泌量低下など	高血圧、高血糖、視界不良、頭痛、睡眠時の無呼吸やいびき、手足の腫れなど
B	副腎皮質刺激ホルモン放出ホルモン分泌量低下、副腎皮質刺激ホルモン過剰分泌、糖質コルチコイド過剰分泌など	高血圧、高血糖、筋力低下、腎結石、満月様顔貌など
C	甲状腺刺激ホルモン分泌量低下、チロキシン分泌量低下など	ひどい寒気、皮膚乾燥、脱毛、倦怠感、低体温、筋力低下など

　その後、同じ患者について診断した生徒間で結果を共有し、３人の患者について診断した生徒間でグループをつくり、診断結果の共有を行わせた。最後に「同じ内分泌器官の異常」であることを提示して再診断をグループで行わせた。グループで話し合って診断した結果は、症状と体内環境の維持のしくみの異常を図にまとめさせた（図1）。

図1　模範記述例

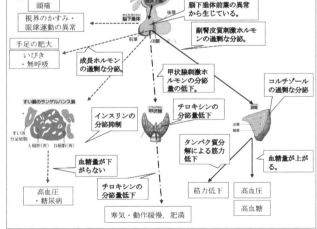

3. あえて「教えない」、学びを「促す」ことで生徒は仮説を立てどんどん成長する

本時のパフォーマンス課題の実施に向けて、最大のポイントに掲げたことは、生徒の「学ぶ意欲」をどこまで高められるかどうかである。この単元では、生徒に内分泌系や自律神経系の基礎的・基本的な知識を授業で教えず、その知識がないと解けない課題を与え、生徒たちで考えさせる中で基  礎的・基本的な知識を習得させることを目的とした。

そのような活動を行ってきた結果、生徒は学習内容について多様かつより高度な疑問をもつようになった。本時の活動においても、「成長ホルモンの過剰分泌によっていびきが起こる理由」であったり、「チロキシンの分泌量低下により、脱毛や皮膚の乾燥が起こる理由」について教科書と図表を活用しながら様々な仮説を自ら立てて、それを1つ1つ集団で考察していく姿が見られた。このような姿勢は、教師主導の授業展開ではなかなか見ることができないのではないかと考えている。

4. ルーブリックと生徒の作品例

本時で取り扱ったルーブリック（表2）とある生徒の作成した図を示す（資料2）。この生徒は、患者Cの症状について個人で考察し、集団で議論する中で患者Aについてもまとめている。ルーブリックの症例分析の項目に照らし合わせると、自身の担当した患者の症状について半分以上の症状と体内環境調節の異常を関連付けることができているため、評価はAに該当する生徒と判断できる。

資料2を見ると、生徒たちの思考が教師の予想以上に深まっている様子も見られた。資料2の生徒では、すい臓の部分に「インスリンが少ない」と記述してあり、そこにさらに矢印で「（成長ホルモンが）インスリンの働きを低下」させていると考えた様子が読み取れる。この内容は、高校の学習事項を超えているが、今回のような授業展開だからこそ見られる生徒の思考の深まりではないかと考えている。

このように、ルーブリックで目標を提示し、教師が生徒自らで学ぶ内容を適切に拡げてやることで生徒の思考の幅も広くなり、多様な仮説の設定や考察を生む機会となっている。

表2　課題「今日から君は内分泌系の専門医」のルーブリック

到達目標	AA	A（理想）	B
症例分析	患者の異常個所を特定し、ほぼ全ての症状の原因を学習内容と関連づけることができた。	患者の異常個所を特定し、半分以上の症状の原因を学習内容と関連づけることができた。	患者の異常個所を特定することができたが、症状の原因を十分に関連づけることができなかった。
思考・判断・表現	全ての問いに関して自身の考えを記述し、他者へ表現できた。	多くの問いに関して自身の考えを記述し、他者へ表現できた。	多くの問いに関して自身の考えを記述した。
態度	全ての問いに関して他者と意見交換しながら解答を考えることができた。	多くの問いに関して他者と意見交換しながら解答を考えることができた。	一部の問いに関して他者と意見交換しながら解答を考えることができた。

資料2　ある生徒の記述

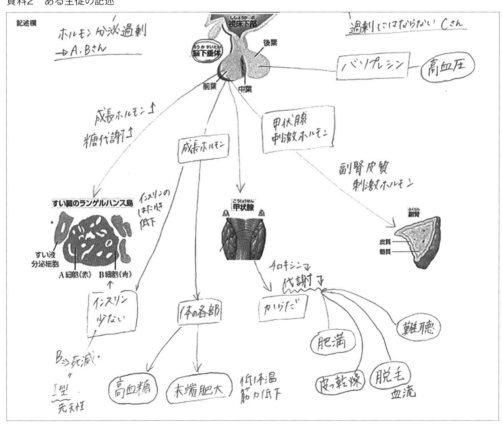

また、ルーブリックの症例分析の項目について、生徒による自己評価と教師による評価を行い、その差を比較した。その結果、自己評価では評価A以上の生徒は39人中34人、教師による評価では31人となり、大きな誤差は見られなかった。評価AAの生徒については、教師の評価以上に自身について厳しく評価した

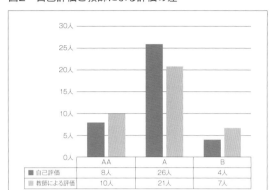

図2　自己評価と教師による評価の差

	AA	A	B
自己評価	8人	26人	4人
教師による評価	10人	21人	7人

生徒も見られたが、ほとんどの生徒が自身で自己の振り返りを適切にできていることがわかった。

このような自己の振り返りの機会を設けることで、後々復習するべき単元や強みとして捉えられる領域を理解することができ、科目に対する自己理解が進むと考えている。

5. 実践を振り返って

日常生活との関連や各単元の到達目標を生徒に意識させるうえで、今回の実践のようなパフォーマンス課題は非常に有効であると考えている。生徒の実態に応じて基礎的・基本的な知識を伝達する時間を省き、このような課題と向き合わせることで生徒の学習意欲や探究心はどんどん成長していく。1人で課題に答えらない生徒も、集団での学びを通して少しずつであるが成長している様子が伺えた。

また、生徒活動に授業の大部分を割くことで、生徒一人一人の様子を見る機会も増えた。一人一人の生徒の思考の仕方や学習内容のどこに難しさを感じているかなど生徒個人の特徴を以前よりもより理解することができていると感じている。

一方で課題も多くある。①生徒実態を理解した課題の設定や②生徒のやる気を引き出す導入の工夫、③授業中の個人差に応じた適切な声かけ、④教師自身の学習内容に対する理解度をあげるなどまだまだ乗り越えなければならない課題が私自身にもたくさんあると感じている。

このような取り組みを通じて、生徒に知識や技能を「身につける意義」を実感させ、学校という1つのコミュニティで仲間と学ぶことの意義を少しは伝えられたのではないかと考えている。

世界の探検者になる方法を身につける

—— 単元「美術Ⅰ」——

東京都立王子総合高等学校　望月　未希

　美術科において主体的な表現力は必須の力である。作品そのものの完成度が高くても、そこに生徒の主体的な表現がなければ生徒自身の作品とは言えない。また、芸術科の担う創造性においても同様である。

　主体的な表現を導くには、安心で、互いの違いを認め合い、創造的な教育環境が必要となる。そこで、高校での初めての美術に取り組む「美術Ⅰ」の今回の実践では、「世界の探検者になる方法を身につける」ことを単元末までの目標と設定し、生徒と共有した。その目標を目指して作品を媒介とした教育環境（教室・校内・地域社会）を創り、主体的な表現へとつなげることを試みた。本章では、その方法として教育環境を作り上げる内容に注目し、教室から校内へ、そして地域社会へと生徒が主体的に教育環境を開発していく様子に焦点を合わせる[1]。

1. 単元目標と評価方法

　単元「美術Ⅰ」では「創造性をはぐくむ造形体験の充実を図りながら、形や色などによるコミュニケーションを通して、生活や社会と豊かにかかわる態度をはぐくみ、生活を美しく豊かにする造形や美術の働きを実感させるような指導を重視する」ことが目標とされる[2]。そこで、最初の授業では「世界の探検者となる方法を身につける」ことを美術Ⅰの授業での目標として提示した。主体性をもって世界の美しさや喜びを発見し、表現を行うことで社会と創造的にかかわるという循環を生み出すのは、「探検者」としての生徒自身なのだという意義を伝えた。

　さらに、目標をより具体的にしていくために、次のような「本質的な問い」とそれに対応する「永続的理解」を設定した。

● 「本質的な問い」：自らの発見した美しさや驚きを自由に表現するにはどうしたらよいか？　それらの想いを表現によって他者に伝えることはできるか？　表現を行った先にどのような発展が自らの内に芽生えるのか？

● 「永続的理解」：自らの発見した美しさや驚きを自由に表現するには、主体的に表現することが重要である。想いを表現によって他者に伝えることは可能である。また、表現を行い、他者とつながることは、自らの生きる環境を改善し、さらに改善が持続するという好循環を生みだすものである。

また、生徒たちには、次のようにパフォーマンス課題と評価について説明した。

● パフォーマンス課題「世界の探検者となる方法を身につける」

　　今年の美術Ⅰの目標は「世界の探検者となる方法を身につける」ことです。そのためには、まず挑戦することが大切です。最初の挑戦です。私の絵を５分で描いてみましょう。私の名前は望月未希です。貴方たちが探検する際の案内役です。絵を見ると、全身を描いた人も、眼鏡だけを描いた人もいますね。それでいいのです。表現方法は違っているから良いのです。探検者となり、自らの発見した美しさや驚きを自由に表現するための方法を、これからの授業を通して案内していきます。

　　この授業の作品鑑賞については、先生の専門的な見方だけではなく、皆さんの作品同士の相互鑑賞（作品に対するファンレター）も取り入れます。「図工や美術の良し悪しって、結局、好みで決まるのでは？」と思ったことがある人はいませんか？ある意味では、その通りです。芸術は「好き、嫌い」という感情がとても重要な教科です。

　　さらに、芸術作品を鑑賞して好き嫌いを感じるときに、作者の性別や出身地や時代は重要でしょうか？　芸術作品はそれらの境界を超えるものです。美しいと感じる心には、優劣はありません。

　　ぜひ、美しいと思う見方を教えてください。互いの違いを認め合い、安心して表現できる場づくりはここにいる私たちみんなで、創り出すものです。早速探検してみましょう！

2. 単元の流れ

　この単元は、パフォーマンス課題を振り返る時間まですべてを入れて72時間である。さらに地域社会との連携事業に発展した場合には、時間数外にも活動が必要とな

る。これを四次に分けて計画した。おおよその内容は図1に示したとおりである。

これらの内容は課題ごとのサイクルと年間の授業全体が入れ子構造となり、作品を媒介とした教育環境づくりとして循環する仕組みとなっている[3]。

図1　単元計画

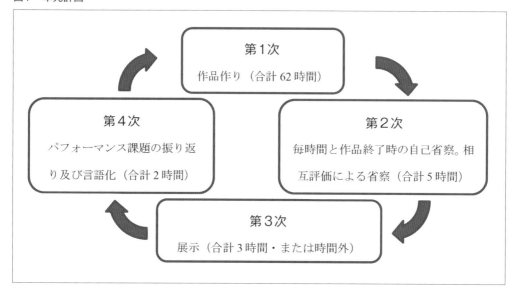

第1次では、文化祭のポスターや入場門のデザイン、木彫、アニメーション、陶芸、食品デザイン、シュルレアリスム作品などの造形体験を行った。生徒から発生する問いから発展し歴史や、参考作品、技術などを教え、安心して制作できるよう経験値を高めた。

第2次では、毎時間の終了時に「今日の気持ち」（図2）として自らの出席表に1マスで自己省察を表現した（記号でもイラストでも良い）。作品制作後には「何を表現しようとしたのか」を言語化した。さらに別学年の作品（1学年時には2・3学年の作品）を作品に名前のついていない状態（得られる情報は作品のみ）で鑑賞し、相互鑑賞（1学年の作品は2・3学年が鑑賞を行う）としてファンレターを渡す。ファンレターの内容は、鑑賞の力として評価された（図3）。また、ファンレターは制作者本人に渡された。つまり、互いの違いを認め合う相互鑑賞の循環が行われた。

第3次では、「UX（ユーザーエクスペリエンス）デザイン」の考え方を学び、作品をふさわしいと思う場所へ展示した。また、文化祭や地域連携事業など作品を展示できるチャンスがあればそれを活用した。たとえば、図4は、模擬店のコーポレーションアイデンティティをデザインし、文化祭で使用するという形で校内行事に発

展した例である。また図5は、地域の方と打ち合わせを行い、目的に沿った作品を作り、地域事業に活用するという形で地域事業に発展した例である。さらに美術室の環境づくりも、生徒自身が目的を持って作品を配置し、他の生徒たちもその作品に触れることで学びを共有し、省察・循環させるきっかけとなった（図6）。

第4次では、毎時間の「今日の気持ち」という第2次で行った自己省察を活用し、一年間の授業の振り返りを行った。さらに1年間の授業を総括して「ARTとは何か」という問いを言語化し、吹き出しの形にして教室に展示した。この展示がさらなる学びの共有につながった（図7）。

このように、常に生徒自身の作品が媒介となって、生徒たちが学びを共有することを保障し、創造的な教育環境を創りあげていった。

図2　今日の気持ち

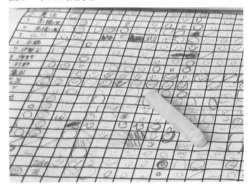

図3　ファンレター

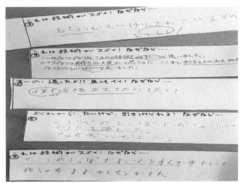

図4　文化祭模擬店のCIづくり

図5　市民センター開館を祝う作品

図6　美術室の環境づくり

図7　ARTとは何か

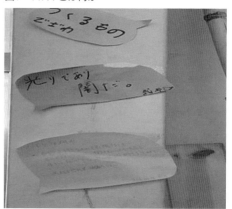

3．ルーブリックと生徒の作品例

　図8には、ルーブリック（表1）に照らし合わせて評点5の作品を示している。題材を理解し、自ら望みの効果が出せる画材（ステンドグラス絵具）に挑戦し、さらに身の回りの環境も含めて作品とするよう展示を行い、作品によって新たな視点を提供している。使用した画材や作者の想いとの関連性、他者へ伝える工夫などの表現意図についての言語化も明確であった。生徒からの相互鑑賞からも作者の制作意図が伝わっていることが明らかであった。

図8　窓に貼られたシュルレアリスム作品

題名「透明な思考」
（窓から見える風景も含めた作品である。）

表1 課題「世界の探検者となる方法を身につけよう」のルーブリック

5	・周辺環境も含めて作品を制作し、新しい視点を提供した。 ・題材をより発展させた表現（鑑賞での言語表現も含め）ができた。 ・ルーブリック4の項目をすべて行った。
4	・新しい画材、表現に挑戦した。 ・想いを形にするために、試行錯誤を行った。 ・作者の表現意図が、作品を通して鑑賞者に伝わった。 ・表現意図、鑑賞の言語化が豊かであり、読む人に伝わる内容であった。 ・ルーブリック3の項目をすべて行った。
3	・表現意図が言語化できた。 ・作品を完成させた。 ・提出期限内に提出し、相互鑑賞を行った。
2	・作品を完成させた。 ・提出期限に遅れたため、相互鑑賞が行えなかった。
1	・未完成のため本人・鑑賞者ともに表現意図がわからない。

4．実践を振り返って

　生徒たちがそれぞれのタイミングで自分自身の興味を持ち、主体的に表現しようとする機会を保障するためには、教師の側に、多くのフック（きっかけ）を準備して待つという態度が不可欠である。さらに、教師側が全てを把握して管理しようとするよりも、生徒から生まれた問いに応えられるような「ゆったり」とした姿勢と、他者の価値観を受け入れる柔軟性が効果的であると感じている。

　他者との違いを楽しみ、他者と違う自分の価値を認めた時、生徒たちは学びの領域を主体的に拡大していくのである。

〈注〉
(1) 本実践は2019年度に、前任校である東京都立多摩高等学校普通科において筆者が行ったものである。
(2) 文部科学省「高等学校学習指導要領」の一部を参考にした。
(3) 以下で説明する実践の手法、内容については次の文献を参考にした。ジーン・レイヴ／エティエンヌ・ウェンガー（佐伯胖訳）『状況に埋め込まれた学習』産業図書、2010年、pp.80-83。西岡加名恵編著『「資質・能力」を育てるパフォーマンス評価』明治図書、2016年、pp.12-32。デブラ・レヴィン・ゲルマン（依田光江訳）『子どものUXデザイン』ビー・エヌ・エヌ新社、2015年、pp.216-223。

内容読解も兼ねた
プレゼンテーション活動
── 単元「Biomimicry」──

広島県立広島高等学校　中本 大輔

　近年、プレゼンテーション能力の重要性がますます増してきていると考えている。なぜなら、プレゼンテーションは自分が知っている情報や知識の伝達手段だけでなく、自分の能力をアピールし、他者を引きつける手段にもなったからだ。今後、生徒達が社会に出て活躍するために、英語教師として英語によるプレゼンテーション能力を高めてあげたいと常々思ってきた。しかし、これまで授業でプレゼンテーション活動を何度か試みてきたが、満足のいく活動ができたとは言えなかった。その主な原因は、プレゼンテーションに必要な要素を教えていなかったり、発表練習の時間を十分に取れなかったりしたことであった。これらの問題を解決できないか考えた結果、勤務校では2・3年生全員が卒業論文を書き、プレゼンテーション用ソフトであるパワーポイント（以下PPT）で発表を行っていることに着想を得て、PPTによるプレゼンテーション活動を設定することにした。生徒はPPTでの要素の絞り込みや図示することに慣れており、そのスキルを活かせられたらと考えた。また、論文発表には一定の型があるのでオーソドックスな構成の指導がしやすいと考えた。また、2年生で扱っている教科書で、「Biomimicry（生物模倣：生物の優れた体構造や機能などを活用すること）」を扱う単元があり、本文そのものが研究論文のような中身になっているので、内容読解＝発表準備活動としやすく、発表練習の時間を多くとれるのではないかと考えた。

1. 単元目標と評価方法

　上記のように、限られた時間の中で教科書の内容を踏まえてプレゼンテーションを行うために、読解活動とプレゼンテーションを結びつける以下の単元目標を設定した。

> ● 単元目標：
> ・教科書で学んだ内容を、紙面上でのスライドやプレゼンテーションソフトを用い
>   て英語で発表する。（外国語表現の能力）
> ・まとまりのある説明文を読んで、その要点を把握する。（外国語理解の能力）

また、これらの目標をより具体的にするために、次のような「本質的な問い」と「永続的理解」、そしてパフォーマンス課題を設定した。

> ● 「本質的な問い」：まとまりのある文章から学んだ内容に基づいて、英語で効果的な
>   　　　　　　　　　プレゼンテーションを行うにはどうすればよいのか。
> ● 「永続的理解」：プレゼンテーションの型を理解した上で、内容の要点を箇条書きで
>   　　　　　　　　まとめたり、文字情報を図表に置き換えたりして、自分なりの言葉
>   　　　　　　　　で発表をすれば良い。
> ● パフォーマンス課題「研究論文を発表しよう」
>   　あなたはBiomimicryについて研究したJanine Benyus[1]です。この度、自分
>   の研究成果をTED[2]において発表することになりました。PPTスライドを作成し
>   て、効果的な発表を行いなさい。

　これらのことに基づいて、教科書の内容読解作業として、紙面上で作るPPTスライド（以下、紙スライド）を作るワークシートを作成した。これにより、普段ならオーラルインターラクションや要約により行う時間を、紙スライドを作成する時間に充て、読解活動とすることができた。

2.　単元の流れ

第1次	1時	単元目標の提示・背景知識の活性化・TED視聴・論文の構成
第2次	2〜9時	内容読解および紙スライドの作成
第3次	10〜12時	PPTスライドの作成
第4次	13時	発表活動（パフォーマンス課題）

　第1次では、単元全体の見通しを立てさせた上で、人間が環境に与える影響やBiomimicryについて知っていることをペアワークで話し合わせた。そして、教科書本文全体を速読で読ませた上で、Janine Benyusが研究成果を実際に発表しているTEDの動画を視聴させた。さらに、研究論文の基本的な構成（序論・目的・先行研

究・方法・結果・考察・結論）について説明した。これらのことにより、第2次で行う読解活動および発表用スライド作成活動の方法を示すとともに、背景知識の活性化および動機づけを行った。

第2次では、教科書の各セクションを正誤確認問題や英問英答などで簡単に内容理解し、しっかりと音読をした後で、紙スライドの作成を行った。また、各セクションの紙スライドが完成するごとに、ペアで紙スライドを示しながら内容を発表する練習を行った。

第3次では、これまで紙面上で作成してきたスライドを、情報教室で、ＰＰＴスライドとして作り直す作業をした。

最後に第4次として、作成したＰＰＴスライドをパソコン上で操作しながら、聞き手にむけてプレゼンテーションを行った。まずペアで行い、その内の代表者がグループ内で発表し、さらにその代表者が全体の場で発表した。

3. スライド作成時の指導の工夫

第2次の紙スライド作成時には、その内容を充実させるためにいくつかの工夫をした。

① 教科書の内容読解はセクションごとに行ったが、スライドはレッスン全体のつながりを意識させたかったので、内容読解問題と紙スライド作成用紙を裏表1枚のプリントにまとめた。

② 「要点を箇条書きする」「可能なら自分の言葉で表現する」「文字情報を整理して図表に置き換える」などの工夫をするよう伝えた。

③ 上記②のポイントをしっかりと押さえたスライドを作成した生徒を取り上げ、全体に紹介した。

　上記の指導により、生徒にとっては「発表のためのスライド作成活動」であったかもしれないが、それが自然と「教科書本文の概要と要点をつかませる読解活動」ともなるように心掛けた。実際に生徒が作成した紙スライドを見てみると、セクションを経るごとに上記ポイントを実践している生徒の割合は多くなっていた。

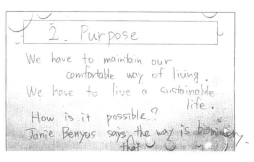

生徒が作成した紙スライドの変化の例
・要点の箇条書き
・自分の言葉で表現
・文字情報の図表への置換
ができ始めている

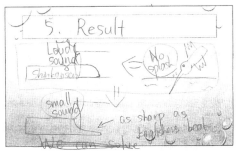

４．ルーブリックと生徒の作品例

　生徒がPPTスライドを用いて発表したパフォーマンス課題を、次ページに示すルーブリックによって相互評価させた。当初は、教師が生徒全員の発表を評価することも考えたが、全員を評価しようとすると一人あたりの発表時間を短くしなければならないため、生徒相互による評価にとどめた。そのため、生徒全員の発表を全て見たわけではなかったが、文字情報が多いスライドを作成した生徒ほど教科書本文の表現をそのまま読み上げる発表を行い、図表や矢印などを盛り込んだスライドを作成した生徒ほど、教科書の内容を自分の言葉で伝えていた印象を受けた。後者の生徒の方が教科書の中身をしっかり理解できたことを示していると考える。

資料　相互評価用ルーブリックおよび生徒が作成したスライドの例

基準	主張・情報	語彙・文法	発音・流暢さ	発表の仕方
3	スライドが簡潔にまとめられており、かつ、情報を自分の言葉で過不足なく伝えている。	語彙・文法の使用は適切である。	発音・イントネーション・強勢が適切で、無理なく自然な速さや流れで話している。	聴衆の反応を見て説明量や声量を変えている、相手意識のある発表をしている。
2	スライドを簡潔にまとめようと努力をしており、情報を自分の言葉で伝えている部分もある。	語彙・文法の誤りや不適切な使用があるが、コミュニケーションのうえで問題ない程度である。	上記の事柄にやや不自然なところがあるが、コミュニケーションのうえで問題ない程度である。	聴衆を見て、声量も十分だが、原稿を読み上げている、相手意識の少ない発表をしている。
1	スライドの情報量が多すぎ、教科書の本文を多用している。	語彙・文法の誤りや不適切な使用が多くあり、コミュニケーションに不都合が生じている。	上記の事柄に不自然なところが多くあり、コミュニケーションに不都合が生じている。	聴衆を見ない、声量が不十分である、相手意識に欠けた発表をしている。

＊発語数が極端に少ない場合や制限時間より極端に短い場合は全ての項目で「１」
＊制限時間を超えた場合は「主張・情報」の項目で「２」または「１」

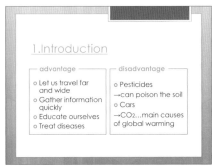

利点と欠点を箇条書きにしている

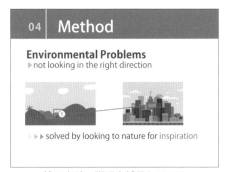

絵により、説明を補足している

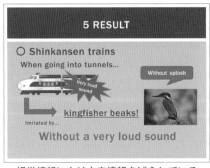

視覚情報により文字情報を減らしている

説明を表にまとめている

5．実践を振り返って

これまで読解活動と表現活動をつなげる際には、より深い読解をしたらより深い発表ができるという、「表現活動のための読解活動」という点にこだわりすぎていた。しかし、今回の実践を通して、より深い発表をするためにより深い読解をするという、「読解活動のための表現活動」という点に気づくことができた。そのため、これまでは「どのような読解活動をすれば表現活動につながるのだろう」と考え、読解活動にしっかり時間をかけてきたが、残された少ない時間の中で表現活動を無理やり行い、生徒も私も不完全燃焼に終わる単元が多かった。しかし、表現活動（とそれに向けた準備）の時間をしっかり確保してあげれば、読解力と表現力のどちらも十分に伸ばすことができるのではないかと思った。その際に重要なのは、「どのような表現活動をすれば読解活動につながるのだろう」と考え抜いた上で、適切な表現活動を設定することだと思う。

また、当初の目標であった、英語によるプレゼンテーション能力も、論文発表という型を与えることである程度は伸ばすことができたのではないかと思った。今後は他のプレゼンテーションの場面を想定して、様々な型での指導を試みてみたい。

今回のパフォーマンス課題を終えた生徒に感想を聞くと、「スライドを作っている時に何度も教科書を読み返したので、内容を深く理解できた」と言ってくれた生徒がいた。意図したことが達成でき、とても嬉しかった。また同じ生徒は、「紙スライドを作らず、最初からPPTスライドを作ればもっと効率が良くなる」とアドバイスしてくれた。次回以降の実践に生かしていきたい。

また、他の生徒から「今回の活動はとても楽しかった。またやりたい」と言われた。普段は私の考える読解ポイントを教えていたのだが、今回は生徒自身が読解ポイント（発表に必要なポイント）を考えたので、そこが楽しさにつながったのかもしれない。大学時代に私の現在の指導理論の全てを形作って下さった広島大学の松浦伸和教授に「楽しくなければ授業じゃない」と何度も言われたことを思い出した。私が理想とする、本当に楽しく・本当に英語力が付く授業を目指して、今後もパフォーマンス課題を上手に活用していきたい。

〈注〉
(1) 自然科学作家であり、本単元は彼女の著書の内容に基づいて作られている。
(2) インターネット上の動画配信もある、様々な分野の人物がプレゼンテーションを披露する世界的講演会。

答えのない問いを
対話的・協働的に探究する
—— 単元「What's not for Sale?」 ——

広島県教育委員会　山崎 愛子

　高等学校外国語（英語）においては、英語を通じて積極的にコミュニケーションを図ろうとする態度の育成、情報や考えなどを的確に理解したり適切に伝えたりする能力を養うことを目標とし、「聞くこと」、「読むこと」、「話すこと」、「書くこと」の4技能を関連づけ、統合的な言語活動を行うことが求められている。特にコミュニケーション英語（以下Ｃ英）の授業では、読んだことや聞いたことに基づいて、話したり書いたりする活動を行うことが多い。勤務校の生徒の多くが、他者と英語を使って活動することに積極的であるが、抽象度の高いトピックになると、途端に発話量が減り、他者に発言をゆだねる傾向があるように思えた。

　そこで、高校における英語学習のまとめとして、正解が一つではない問いに対して、グループ内で意見交換をし、グループとしての考えを整理し、単元のまとめとして英語で自分の考えを書くパフォーマンス課題を設定した。少人数のグループで意見交換をすることによって、生徒一人ひとりが主体的に取り組むことを期待した（本稿は前任校である広島県立広島高等学校の実践を元にまとめた）。

1. 単元目標と評価方法

　単元「What's Not for Sale?（『CROWN English Communication Ⅲ』（三省堂）」では、「外国語を通じて、情報や考えなどを的確に理解したり適切に伝えたりする能力を養う」ことを目指し、主に「話すこと」と「書くこと」の2つの技能を関連させた活動を行った後、多様な考え方ができる話題について、論理的に表現する（外国語の表現の能力「書くこと」）を単元の目標とし、次ページのようなパフォーマンス課題を設定した。

● 「本質的な問い」：多様な考え方ができる話題について、自分の考えを相手に効果的
　　　　　　　　　　に伝えるためにはどうすればよいか。
● 「永続的理解」：自分の考えを効果的に伝えるためには、多面的・多角的に捉え、予
　　　　　　　　　想される望ましい側面とそうでない側面の両面から考察し、自分の
　　　　　　　　　考えを整理して述べるとよい。
● パフォーマンス課題「課題レポートを書こう」
　　あなたは、サンデル教授の講義を受講している学生です。講義で学習したことを
　もとに、最終レポートを作成することになりました。商品化することで望ましい結
　果を得られるにもかかわらず、商品化すべきでないものは何か、自分の考えを英語
　で書きましょう。

2. 単元の流れ

　本単元は、パフォーマンス課題を含め、全10時間で計画した（表1）。第1次では、
マイケル・サンデル教授の著書を原典として編集された英語の題材を読み、サンデル
教授の政治哲学と倫理哲学の観点から、市場価値の持つ影響力について学習した。そ
の際、あるモノを商品化することの是非を問い、商品化によって生じる「道徳的ジレ
ンマ」について、ペアやクラスで意見交流を行った。同じ意見、異なる意見のペアま
たはグループで人を変えるとともに、クラスで共有しながら様々な意見に触れさせる
ようにした。

表1　単元の流れ

第一次	1～6時	単元目標の提示・内容読解・「話すこと」の活動
第二次	7～9時	トピックの選択・意見交換・討議・発表
第三次	10時	エッセイライティング

　第2次では、個々で「商品化することで望ましい結果を得られるにもかかわらず、
商品化すべきでないもの」の例を挙げさせ、次にグループで一つのトピックを選択さ
せた。各個人で「商品化による望ましい結果」と「商品化すべきでない理由」を付箋
にメモし、次にグループで意見交流する際にマッピングしながら考えを整理させた。
その際、グループごとにファシリテータ役を決め、グループ内でそれぞれの考えを引
き出したり、まとめたりすることで、討議が円滑に進むようにした。さらに、グルー
プでまとめた意見を他のグループに対して発表し、質問や意見を受ける機会を設け、
ここで受けた質問や意見をさらにグループの中で検討し、最終的にグループの意見と

して、ファシリテータ役がクラス全体に向け英語で発表した。

　第3次は、各グループの意見交流や討議をもとに、生徒それぞれがエッセイを書いた。グループ活動を通して得た新たな視点や異なる考えを踏まえ、書くことで自分の考えをさらに深め整理することに繋がるのではないかと考えた。

3.　思考を深める対話的活動

　このパフォーマンス課題に取り組むまでの活動として、「クロサイの絶滅を防ぐための市場計画」について読み、この市場計画の是非について考えさせた。また、「子どもにお金を払って読書をさせる」ことはどう思うか等、教科書の内容に基づいて、自分の考えをペアやグループで話し合う活動を行った。例えば、クロサイの市場計画（牧場経営者にクロサイを飼育させ、限られた数のクロサイを裕福なハンターに1頭15万ドルで狩ることを許可させる計画）については、確かに個体数は増加しているが、守るべき命を絶つことによって目的を達成することは、本当に正しい方法と言えるのか、また、そもそも人間による乱獲がクロサイの危機的状況を招くので、この市場計画も結局は人間の利益のためではないのかという意見が出た。その一方、個体数を増加させ、絶滅の危機からクロサイを救うという目的達成の手法としては、この市場経計画はやはり有効だという意見も出た。その際、教員は自分自身の考えは発言せず、生徒の発言をさらに掘り下げる発問、または生徒にさらに問題提起をすることによって、自分の考えを再度振り返らせるようにした。

　このような正解が一つではない問いについて意見交流をする学習活動を経て、「商品化することで望ましい結果が得られるにもかかわらず、それでも商品化すべきでないものは何か」というパフォーマンス課題に取り組んだ。このクラスの生徒の大半が英検2級以上を取得し、英語を使用してコミュニケーションを図ろうとする態度に優れており、ペアワークやグループ活動等、非常に積極的に英語学習に取り組んでいる。そのため、グループにおける意見交流や討議の時にも、自分とは異なる意見にも率直に質問したり、そこから新たな視点も見出したりしながら活動を進めていた。時には、討議の方向性が見えず苦しんだり、他のメンバーに圧倒され、なかなか発言できない生徒がいたり、自分の言いたいことを英語にすることができず、もがいている生徒もいた。討議を進めるにつれ、「商品化＝悪（正義ではない）」なのではない面が明確になり、より効率的に利益を分配できるのであれば、必ずしも商品化することを否定しなくてもよいのではないかと考える生徒もいた。多くのものが「お金」で価値

づけられている現代において、このように考える生徒がいることは当然である。しかし、こういった時代だからこそ、大切にしたいと思う価値は何なのか、私たちが忘れてはいけない価値基準は何なのかを、生徒たちが自分事として考えることが必要だと思う。一連の生徒の活動の様子や振り返りの感想からは、正解が用意されていない問いに対して、グループとしての見解を導き出すために必死にもがきながらも、それを楽しんでいる生徒が多く見られたことは、別の意味での成果であった。

4．ルーブリックと生徒の作品例

　グループでの討議の後、「商品化すれば望ましい結果が得られるが、商品化すべきでないもの」という題で、選択したトピックでエッセイを書いた。その際使用したルーブリックは表2の通りである。

表2　ルーブリック

	内容・構成	正確さ
A	商品化することによって期待される望ましい結果に触れた上で、それでも商品化すべきでない理由を、倫理的な観点も踏まえ複数の視点から考察している。	軽微な誤りを除いてほとんど誤りがない。
B	商品化することによって期待される望ましい結果と、商品化すべきでない理由について説明している。	軽微な誤りや重大な誤りがいくつかあるが、内容理解は十分できる。
C	商品化すべきでない理由のみ説明している。	内容理解に支障をきたす重大な誤りが複数ある。

　生徒が書いたエッセイを紹介する。なお生徒A、Bは、同じグループだったため、「救急車」をトピックにエッセイを書いている。

　生徒Aのエッセイ（図1）では、現状の課題、商品化によって期待される望ましい結果、それによって起こりうる不平等性の説明に一貫性があるため、内容・構成においては評価はA、一方で正確さにおいては、内容理解に支障はないが、語いの使い方や、文法的な誤りがいくつか見受けられるため、評価はBとなるだろう。

　生徒B（図2）のエッセイは、現状の課題を明確にした上で、商品化することによってその課題がどう解決されるのかを十分説明している。また倫理的な観点から問題を考察しているかという点について、貧富の差によって平等性が損なわれる可能性について言及している。しかし、商品化と不平等性との説明にやや欠けていると思わ

図1　生徒Aのエッセイ

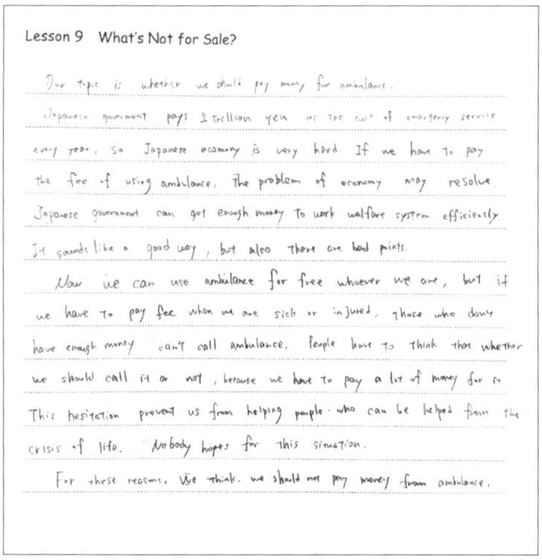

Lesson 9　What's Not for Sale?

Our topic is whether we should pay money for ambulance.
Japanese government pays 2 trillion yen as the cost of emergency service every year, so Japanese economy is very hard. If we have to pay the fee of using ambulance, the problem of economy may resolve. Japanese government can get enough money to work walfare system efficiently. It sounds like a good way, but also there are bad pints.
Now we can use ambulance for free whoever we are, but if we have to pay fee when we are sick or injured, those who don't have enough money can't call ambulance. People have to think that whether we should call it or not, because we have to pay a lot of money for it. This hesitation prevent us from helping people who can be helped from the crisis of life. Nobody hopes for this situation.
For these reasons, We think we should not pay money from ambulance.

図2　生徒Bのエッセイ

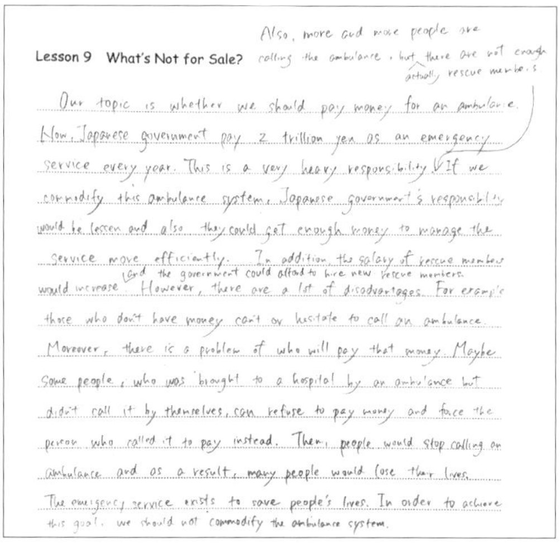

Lesson 9　What's Not for Sale?

Our topic is whether we should pay money for an ambulance. Now, Japanese government pay 2 trillion yen as an emergency service every year. This is a very heavy responsibility. (Also, more and more people are calling the ambulance, but there are not enough actually rescue members.) If we commodify this ambulance system, Japanese government's responsibility would be lessen and also they could get enough money to manage the service more efficiently. In addition, the salary of rescue member would increase (and the government could afford to hire new rescue members.) However, there are a lot of disadvantages. For example those who don't have money can't or hesitate to call an ambulance. Moreover, there is a problem of who will pay that money. Maybe some people, who was brought to a hospital by an ambulance but didn't call it by themselves, can refuse to pay money and force the person who called it to pay instead. Then, people would stop calling an ambulance and as a result, many people would lose their lives. The emergency service exists to save people's lives. In order to achieve this goal, we should not commodify the ambulance system.

れるので評価はB、正確さについては、軽微な誤りもほとんどないため評価はAとなるだろう。

5. 実践を振り返って

パフォーマンス課題を終えて、生徒は次のような感想を持った。

① 倫理的な問いで考えれば考えるほど、きりがないように思えたが、答えがない問いに立ち向かうことの楽しさを実感できた。

② 考え過ぎて、どういう結論になればいいのか分からなくなったが、考えるのが面白いと思った。

③ 自分の意見がすぐに出てくるトピックでも、いろんな人の意見を聞いてみると、別の考え方や同じ意見でも違うアプローチがあって、意見交換の大切さを感じた。

④ 言いたいことが上手く英語で説明できず、グループの人に助けてもらってばかりだった。積極的に発言することをためらってしまったので、もっと英語を話せるようになりたいと切実に感じた。

⑤ 他の人のエッセイを読むと、自らが主張したい方の理由だけを述べるのではなく、反対の意見に対する理由も書かなければ内容のあるエッセイにならないと痛感した。

⑥ みんなで話し合って深めたものを吸収したつもりだったが、それを説得力のあるように取捨選択してまとめるのが難しかった。

このパフォーマンス課題では、自分とは異なる考えに触れたり、異なる視点から問

題を捉え直したりすることによって、思考の深まりを実感させたいと考えた。「それでも商品化すべきではない。」という結論をより説得力があるものにするため、時には頭を抱えながら、他者と議論を重ね、グループとしての意見をまとめていく様子が見られた。振り返り①〜③では、他者との対話によって、生徒が様々な面から考察した結果、答えが一つではない問いに対して協働的に取り組むことの難しさとともにその楽しさを実感できた様子が伺える。これまでの授業では、教科書の内容を確認するための事実に関する発問だけでなく、教科書の内容から推測されることや、自分ならどうするか、どう考えるかといった発問をするように心がけてきた。そうすることによって、生徒がより深く思考し、主体的にテキストに向き合うようになってきたように思う。時には私自身も生徒とともに、「私はこう思うけど、みんなはどう思う？」と問いかけ、分からないことを共有することで、教員と生徒、生徒同士がともに学び合う学習環境を作るように努めた。このパフォーマンス課題における討議の場面では、多くの生徒に、学習に向かう積極性、主体性、そして協働性といった態度が育ってきたと感じた。

　しかし、この実践を通して今後取り組むべき課題も明らかとなった。振り返り④〜⑥にもあるように、この討議の間で、生徒全員が自分の言いたいことをすべて英語で表現できていたわけでない。抽象度の高いトピックについて英語で議論する時に、個々の英語力が、発言する内容の質に影響するため、どうしても英語で表現できないことについては、ある程度日本語の使用を許容することで、意見交流や討議を深めるようにした。また書くための「型」だけでなく、目的や状況に合わせて適切に書くためにはどうすればよいのかという点についてもきめ細かい指導が必要であると感じている。学習内容に合わせた学習活動の質の向上と、生徒の英語の技能の向上のバランスが今後の課題の一つである。

　さらに、生徒同士の討議がさらに深いものになるよう、教科横断的な指導や学習活動を工夫していく必要がある。とりわけこの単元においては、市場価値と倫理観を問う題材であったため、例えば公民科の授業内容と関連させ、ゲストスピーカーとして授業に参加してもらったりといったことが可能であるかもしれない。そうすることで、本単元の学習内容や生徒の討議の中身がさらに深まることが期待される。

　今後も、外国語教育を通じて、様々な文化的背景を持つ多様な他者とコミュニケーションを図ることができる英語力を備え、変動する社会の中で、解決困難な課題に主体的に取り組む生徒の育成に向け、指導改善に努めていきたい。

統計データの分析・活用能力を育成する
── 単元「問題解決とコンピュータの活用」──

愛知県立守山高等学校　鈴木　雅子

愛知県立豊明高等学校　板橋　一志

愛知県総合教育センター　富安　伸之

　今日の情報社会では、社会活動から個人の生活に至るまで、広範かつ膨大な情報（データ）が蓄積されており、こうしたデータの有効活用が注目されている。データを有効に活用するためには、情報を多面的に判断する力や、統計的手法を用いてデータを分析する力、論理的思考に基づいた問題解決力を身に付けることが必要である。しかし、「情報活用能力調査（高等学校）調査結果」[1]（2016年）によると、高校生は、複数の統計情報を、条件に合わせて整理し、それらを根拠として意見を表現することに課題があるという傾向が指摘されている。

　愛知県教育委員会が主催する2016年度県立高等学校教育課程課題研究「情報研究班」[2]において、研究主題を「知識や技能を活用した思考力・判断力・表現力の育成のための指導方法と評価についての研究」に設定し、共通のパフォーマンス課題やルーブリックを作成し、授業を実践して、その成果を検証した。状況が異なる複数の学校で授業を実践することで、より汎用性の高いパフォーマンス課題やルーブリックを作成することを目指した。ここでは、情報科の学習単元「問題解決とコンピュータの活用」において、評価の観点を「思考・判断・表現」に焦点化し、情報機器を活用するパフォーマンス課題を通じて、目的に応じて適切にデータを選択、加工、分析し、論理的に説明する力の育成を目標とした授業実践について報告する。

1.　単元の流れ

　本単元では、次のような「本質的な問い」と「永続的理解」を設定した。また、パフォーマンス課題として、複数の情報（データ）から条件に合う情報を選択し、情報機器を活用して加工、分析する課題を設定し、根拠に基づいた論理的な思考力や表現力を育成することをねらいとした。

- ●「本質的な問い」：情報機器を活用して、問題を効果的に発見・解決するにはどうしたらよいか。
- ●「永続的理解」：問題を発見するには、統計的手法を用いて情報（データ）を多面的に加工、分析することが有効である。また、加工されたデータを活用し論理的に考えることで、適切に問題解決を行うことができる。

- ● パフォーマンス課題「新入社員の〇〇さん！まずは、配属希望票を提出しよう！」
  あなたは高校卒業後、全国に支店を持つ会社に入社しました。どの都市（都道府県）で生活したいですか。与えられた3つの条件に適する都市を、統計資料をもとに選び、「配属希望票」を提出しなさい（ただし、愛知県、東京都、大阪府は除く）。

また、単元の流れは下表の通りであった。

時限	学習活動（計2時間）
1	・3つの条件及び統計資料がまとまったデータを受け取る。 ・与えられた資料から、目的に応じた必要な情報（データ）を選択、整理し、表やグラフを作成して、分析し、配属希望先を検討する。 ・「配属希望票」に、根拠となる添付資料とともに、結論（条件に適した都市の選択）ならびに、その理由を論理的に明記する。
2	・同じ条件の課題を受け取った生徒同士で少人数のグループをつくり、相互発表を行う。 ・グループで学んだことや感想をワークシートに記入する。

2. 実習課題

　都道府県を選ぶための条件（資料1）は、パターンⅠ～Ⅳの4種類からいずれか1つを選択する。与えられた3つの条件について、優先順位を各自で設定する。

資料1　都道府県を選ぶための条件

パターン	条件		
Ⅰ	映画が好き	生活費が安い	安全な都市
Ⅱ	雨の日が少ない	交通事故が少ない	図書館が多い
Ⅲ	大きな家を建てたい	待機児童の問題が心配	なるべく都会
Ⅳ	選挙への関心が高い	預貯金がしたい	暖かい地域

　統計資料については、総務省統計局のウェブページ[3]に掲載されている都道府県ごとの社会生活統計指標等をもとに、関連する項目等のデータを事前に抽出し、作成し

た。統計データが記載されているシート「統計資料」や、分析の過程や結論を根拠とともに記述するシート「配属希望票」等を1つのファイルにまとめ、事前に配付した（資料2）。

資料2　生徒に配付した各シートの名称とその用途（表計算ソフトウェア）

シート名	用途
統計資料	都道府県別に、人口総数・世帯数・映画館数・食費・住居費・消防署数・警察署数・交通事故件数などを掲載している。データの中には、条件とは無関係な項目も含めている。 （統計資料の表画像）
作業用	枠線だけが引かれている作業用のシートである。シート「統計資料」からデータを複写し、データの並び替えや絞り込み、平均等の計算などを行い、データを加工、分析するためのシートとして使う。
グラフ作成用	グラフ作成の時間を短縮するための雛形シートである。系列名と値を入れるだけで縦棒や横棒グラフ、円グラフ、散布図を作ることができる。
配属希望票	提出用のワークシートである。ここに、表やグラフを貼り付け、作業手順（分析の過程）や、配属希望先とその理由を記入する。印刷して提出させ、評価の対象とする。

統計資料シートの表：

	A	B	C	D	E	F	G	H	I	J
1	資料年度	平成27年度国勢調査	国土交通省国土地理院		2014	2014	2007	2014	2011	2011
2	都道府県	人口（人）	面積（km2）	人口密度（人／km2）	降水日数（年間）	快晴日数（年間）	曇天日数（年間）	交通事故発生件数	交通事故発生件数（100万人当たり）	図書館数（100万人当たり）
3	01北海道	5,383,579	78,421	68.7	144	26	153	12,274	227.3	26.2
4	02青森県	1,308,649	9,646	135.7	158	18	189	4,133	312.9	24.2
5	03岩手県	1,279,814	15,275	83.8	133	17	146	2,712	211.2	35.0
6	04宮城県	2,334,215	7,282	320.5	107	22	141	9,142	392.7	15.5
7	05秋田県	1,022,839	11,638	87.9	177	15	198	2,270	218.9	42.8
8	06山形県	1,122,957	9,323	120.5	146	15	169	6,426	568.2	32.7
9	07福島県	1,913,606	13,784	138.8	115	19	145	7,710	398.4	33.2

3. ルーブリックと生徒の作品例

資料3　ルーブリック

レベル	観点の説明
A 十分満足できる状況	複数のデータをもとに、条件に応じた適切な表やグラフが作成されている。かつ、配属希望理由として、表やグラフから統計的に分析でき、説得力のある論理的な説明が書かれている。
B おおむね満足できる	条件に応じた表やグラフが作成されている。かつ、配属希望理由として、表やグラフから読み取ることができる論理的な説明が書かれている。
C 努力を要する状況	条件に合う適切な表やグラフが作成されていない。または、配属希望理由として、論理的な説明が書かれていない。または、作成した表やグラフから読み取ることができない理由が書かれている。

ルーブリック（資料3）をもとに、生徒の作品を評価して妥当性を検討した。資料4の作品例①は、条件に応じた適切な表やグラフを作成し、優先順位に従って都道府県を絞り込んで配属希望先を決定し、その分析の過程と結論を論理的に説明しているため、レベルAとした。作品例②は、概ね添付資料も適切であり、表やグラフから読み取れる理由が記入してあるが、処理手順に不備が見られ、説明が十分でない部分があるため、レベルBとした。

資料4　生徒の作品例①

条件①	雨の日が少ない	優先順位	1
条件②	交通事故が少ない		3
条件③	図書館が多い		2

二次添付資料（Excelでまとめた表やグラフをここに図として貼り付ける）

都道府県	降水日数（年間）	図書館数（100万人当たり）	100万人当たりの交通事故数
山梨県	82	63	536.7
群馬県	90	27	825.7
埼玉県	90	22.2	425.8
兵庫県	90	19.3	543.5
岡山県	96	31.4	637.8
茨城県	99	19.9	429.4
三重県	100	21.7	443.8

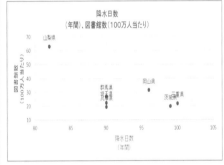

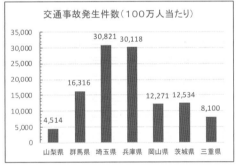

配属希望県	この県を選んだ理由
山梨県	①降水日数の少ない順に並び替え、日数が100日以下の基準で、上位7県に絞った。 ②次に、図書館が多いところがいいので、①の7県について、相関図を作成した。 →山梨、群馬、埼玉、兵庫、岡山、茨城、三重の中で、山梨が他の県に比べて圧倒的に多いということが分かった。 ③②の7県について、交通事故発生件数を比較した。 →交通事故発生件数も山梨が一番少なかった。 結果、山梨県が一番良いと考えた。

資料4　生徒の作品例②

	条件1	衆議院選挙に関心の高い地域が良い	優先順位	3
	条件2	預貯金をたくさんしたい		1
	条件3	暖かい地域に住みたい（ただし、沖縄県は除く）		2

二次添付資料（Excelでまとめた表やグラフをここに図として貼り付ける）

地域名	年平均気温（℃）	衆議院議員選挙投票数（小選挙区）（%）	預貯金現在高（千円）
鹿児島県	18.5	50.47	¥5,860
宮崎県	17.4	49.86	¥5,911
福岡県	17.1	48.81	¥7,670
高知県	17.0	50.98	¥8,138
長崎県	17.0	51.13	¥6,805
熊本県	16.8	50.06	¥6,881
兵庫県	16.7	50.86	¥9,787
和歌山県	16.7	51.05	¥9,361
佐賀県	16.7	57.77	¥6,615
静岡県	16.6	55.61	¥10,540
平均	17.1	51.66	¥7,757

年平均気温と衆議院議員選挙投票数（小選挙区）

預貯金現在高（千円）

配属希望県	この県を選んだ理由
静岡県	①全国の年平均気温から、条件にあった沖縄県、大阪府、東京都、愛知県を除いた上位10県を選んだ。 ②上位10県の中で年平均気温と衆議院議員選挙投票数（小選挙区）の散布図を作成した。 ③年平均気温と衆議院議員選挙投票数（小選挙区）ともに高い都道府県は存在しなかったため、衆議院議員選挙投票数（小選挙区）での上位2県（佐賀県、静岡県）と年平均気温の上位1県（鹿児島県）の選んだ。 ④その3県中で、預貯金現在高の棒グラフを作成し、2位の佐賀県に比べ3925（千円）＝392万円高い、静岡県に決めた。

また、下記のような特徴が見られる作品については、レベルCと評価した。

・結論を1つだけの条件で説明している。

・添付資料と配属希望理由の説明が論理的でない。

・データ加工や表現に不備があり、資料の根拠が失われている。

・添付資料からは読み取れない内容の文章であり、自己が主観的に判断した基準を用いるなど、根拠を正しく明示できていないため、説明が論理的でない。

4．実践を振り返って

　今回のパフォーマンス課題は、どの学校の生徒にとっても身近に感じられるように、仕事の配属希望先を考えさせるというテーマで作成したため、生徒は、実際の状況をイメージしやすく、興味・関心をもって学習活動に取り組んでいた。

　生徒に図書館やインターネット等を利用させ、統計資料を探すことから取り組ませることが望ましいが、その場合は多くの時間を必要とする。そこで、今回は２時限という短い時間で実施できるように、統計データやグラフ作成の雛形シートを準備することで、作業の短縮化を図るとともに、評価の観点を明確にするようにした。

　今回用いた統計資料の中には、与えられた３つの条件に適さないものや、割合計算が必要な条件（例：交通事故件数÷人口）も含んでいたので、生徒はデータの取捨選択や加工に時間がかかってしまった。もっと統計資料を単純化し、根拠の検討に専念できるようなデータを扱わせてもよかった。

　操作上のミスや、意図的なデータの編集により結論を導きだしている生徒や、グラフの表現方法が不適切な生徒もいた。事前に、データの扱い方や、グラフの特徴に関する基本事項を確認させておくことが必要である。

　また、論理的に考えて表現する力を身に付けさせることを目標の一つとしたが、理由の記述には、「比較的少ない」「割と多い」「総合的に判断して」など曖昧な表現や、「東京に近いから条件（都会）を満たしている」「その県には親戚が住んでいるので待機児童の問題はない」「雨の日は本が好きなので本を読めばいい」など主観の入り交じった表現もみられた。与えられたテーマに沿って、自分の考えの根拠を示し、説得力のある文章で記述するということを、日頃から繰り返し指導する必要を感じた。

　今回の授業では、生徒の取り組み状況は大変良好であった。配属希望票を見ても、条件の優先順位の付け方などによって、さまざまな解答があり、正解が一つでない問題解決の課題として、生徒の判断力、データの分析・活用能力、論理的思考力を育成するよいパフォーマンス課題を設定できたと感じている。

〈注〉

(1) 文部科学省「情報活用能力調査（高等学校）調査結果」2016年。
(2) ウェブページ「愛知県総合教育センター　県立高等学校教育課程課題研究　情報研究班による研究の成果」（https://apec.aichi-c.ed.jp/kyouka/jouho/study/2019/index_kokaken.html）。
(3) ウェブページ「総務省統計局」（http://www.stat.go.jp/）。

思考力・表現力を育てる授業をつくる
— 工業科目「電力技術」の単元「発電」—

岐阜県立可児工業高等学校　河合　英光

　若いころから自分の評価方法が正しいのかどうか自信がなかった。特に「関心・意欲・態度」・「思考・判断・表現」の観点をどのように評価していいのか悩んでいた時、本書の編者である西岡教授と出会って、パフォーマンス評価を知ることができた[1]。初めて聞くパフォーマンス課題やルーブリックという言葉に戸惑いを感じながら実践をスタートしたのを覚えている。パフォーマンス評価と聞くと評価の方法だと思われるが、パフォーマンス評価を実践していくと、評価の方法ではあるが、最終的に授業改善に向かっていくことがわかった。パフォーマンス評価のベースには「逆向き設計」論がある。この「逆向き設計」論の考え方として、「最終的にどのような生徒に成長していってほしいのか」「どんな知識やスキル・理解が身についていてほしいのか」という、単元末や学期末、学年末、卒業時の生徒の成長を考えながら指導を行わなければ、パフォーマンス評価はできない。そして、パフォーマンス評価を論理的に行うためにはルーブリックが必要不可欠である。私自身まだまだ実践者として未熟である。しかし、パフォーマンス評価と出会ってから、自分の評価や指導について多少なりとも自信を持つことができるようになった。

1．単元目標と評価方法

　本単元では、次のような「本質的な問い」と「永続的理解」を設定した。

- ●「本質的な問い」：日本の電力需要の現状を理解し、今後どうしていくべきなのか？
- ●「永続的理解」：日本のエネルギー自給率は低い現状がある。将来的に十分なエネルギーを確保するためには、火力発電・水力発電・原子力発電など、それぞれの発電方法の長所・短所を踏まえつつ、エネルギー計画を考える必要がある。資源の確保、環境保護の視点から、新しい発電方式の活用が期待される。

また、生徒たちには、次のようなパフォーマンス課題を与えた。

● パフォーマンス課題「エネルギー計画の改善案」

　あなたは経済産業省　資源エネルギー庁の長官である。

　現在の日本は、2011年の東日本大震災によって、ほとんどの原子力発電所が停止した。その結果、日本のエネルギー自給率は約6％になってしまった。原子力に変わりエネルギーの中心は天然ガスや石炭・石油を利用した化石燃料に頼っているため、いつかは無くなってしまう。

　そこで資源エネルギー庁の長官であるあなたは、このままでは50年後日本にエネルギー危機がやってくることが予想できた。このままではいけないと考え、○○総理大臣に輸入に頼らないエネルギー計画を提案することにした。A4用紙1枚の提案書を作成しなさい。

---

2. 単元の流れ

　本単元における指導の流れは表1のとおりである。この単元の重要性を踏まえ、この後学習する送配電・電気法規・各種の電力応用の学習よりも重点的に時間を割いた。

表1　単元「発電」における単元の流れ

項	タイトル	内容	時数
1	エネルギー資源と電力	現在の世界と日本のエネルギー事情	3
2	水力発電	水力発電の構造・種類・発電方法	6
3	火力発電	火力発電の構造・種類・発電方法	6
4	原子力発電	原子力発電の仕組み・構造・種類・発電方法	4
5	新しい発電方式	太陽光・風力等さまざまな発電方式	3
	パフォーマンス課題	レポートにて提出（宿題）	0

3. パフォーマンス課題を実施するにあたり生徒に伝えたこと

　生徒は初めてパフォーマンス課題に取り組むので、下記のような指示をした。

---

① 現状を説明する。（最低3つの側面から現状を説明する。）

　例（以下の例で説明しなくてもよい。自分なりの現状説明でよい。）

　・世界的に見てエネルギー資源に関する問題は何か？

・日本のエネルギー自給率が他の国と比べて、なぜ低いのか？その理由は何なのか？

・環境問題の観点から、問題と思われることは何か？

・現在の日本の生活習慣において、どんな問題があると思われるか？

・その他

② 上記の現状を踏まえて、今後どのようにしたらよいかを考える。（1つでなくてもよい）

③ その理由・方法を具体的に記入せよ。

④ 現実的に不可能なことは記入しない。

また、下記のような注意事項も示した。

1．用紙サイズA4片面（どうしても書ききれない場合は、裏面も利用してよい。）
   白紙、レポート用紙のいずれかに書いてください。

2．裏面にクラス、番号、氏名を記入する。

3．説明に必要な図や表があること。（手書き、印刷、切り貼り、いずれもOK）
   （図、表に「図1」「表1」のような表記をつけること。）

4．できれば、裏面に保護者のコメントを書いてもらってください。

　2番の注意事項にあるように裏面に名前を書かせたのは、表面に名前がある場合、名前を見た瞬間に自分自身の主観が入ってしまい、正しい評価ができなくなることがあるためである。また、この課題で取り組む問題は、生徒だけの問題ではなく我々の問題でもある。生徒が学んだことを保護者に伝え、保護者と大人の会話ができれば、保護者も子どもの成長を確認することができるのではないかと思い、4番目の注意事項を付け加えた。また、提出期限は生徒と相談して決めた。

4．ルーブリックと生徒の作品例

　今回のパフォーマンス課題の目的は、授業で学んだ知識等を使って課題を解決することである。ただし、感想を書かせても意味がない（評価もしにくい）。今後、彼らが社会に出ていろいろな場面でコミュニケーションをとっていくときに必要となる力に論理的思考力がある。その為の練習も付け加えた。1つの主張に対して、それを支える3つのダブりなく、漏れがない事実を提示させる。そのために、必ず表・図・グラフなどを入れることを指示した。さらに、課題を解決するためにどうしたら良いかを思考させた。

パフォーマンス課題「エネルギー計画の改善案」で用いたルーブリックは、**表2**のとおりである。また、「大変良い」と評価された作品例を、**資料1**に示している。この作品例では、問題点として①日本の現状、②エネルギー資源、③環境の３点を具体的に、グラフを用いて説明している。そして、エネルギー問題を解決する方法として①全世帯にソーラーパネルを設置する。②学校の授業においてエネルギー教育の必修化。の２点を現実的な視点からグラフを用いて説明している。

　実は授業においてソーラーパネルの説明は、ここまで詳しく解説していない。これは生徒が自ら調べたことである。また、学校でエネルギー教育を必修化するというアイディアは私にはなかったものである。多分、この生徒は今回の授業を受けたことによって省エネルギーに関する考え方が変わったのではないかと思う。

　私がこの課題を設定したときに予想したのは、授業で習ったこと以外の新エネルギーの活用方法を、インターネットなどで調べ、自分なりに新しい方法を考えてくると思っていた。まさか、エネルギーを増やすことではなく減らすこと（節電）にポイントを置いてくるとは想像していなかった。面白い視点である。

表2　パフォーマンス課題「エネルギー計画の改善案」のルーブリック

観点	大変良い	普通	もう少し頑張ろう
現状の説明	３つ以上の観点から現状が適切に把握されており、わかりやすく説明されている。	２つ以上の点から現状が捉えられ、説明されている。	現状の説明が１つ又はない、又は示されていない。
対策の提案	エネルギー危機を回避するための方策が、具体的に示されている。適切な対策が２つ以上示されており、説得力に富む。	エネルギー危機を回避するための方法が具体的に示されている。	エネルギー危機を回避するための方法が具体的ではない。
図・表の活用	図や表が効果的に用いられている。図・表に番号が示されている。また、手描きで書かれている場合、定規等で丁寧に描かれている。	図や表が用いられている。ただし、本文との関係が明確でない、図または表の下に番号がない、図・表が読みづらい、といった問題点がみられる。	そもそも図、表がない。
見栄え	余白も意識して、読みやすく丁寧な文字で書かれている。	丁寧な文字で書かれている。	読みづらい。
その他	教員の予想を超えた素晴らしいアイデアが示されている。		

パフォーマンス課題

今の問題点

・なぜ日本のエネルギー自給率がほかの国に比べて低いのか？

　天然ガス、石油、石炭などをバランスよく使おうとする動きがあり、日本では生産できないエネルギーが増えていったからです。

・世界的に見てエネルギー資源に関する問題は何か？

　今の世の中は過剰なほど石油などの化石燃料を使っています。大量に使いすぎて可採年数が50年しか残っていないエネルギーもあります。（図1）もし化石燃料が底を尽きたら化石燃料に依存している世界経済は崩壊し、今までどおりの暮らしができなくなると予想されます。

・環境問題の観点から、問題と思われることは何か？

　何億年もかけて作られた化石燃料を大量に使うことで温室効果ガスが多くなり地球温暖化が進み、気候変動や異常気象が多発します。さらに温暖化により海水温が上昇し、南のほうにしか住んでいなかったはずの毒を持ったタコが発見されるなど人に被害をもたらす生き物が日本に増えています。

今後どうしたらよいか

・エネルギー自給自足の家

　今の日本では大規模な発電所があり、そこからすべての家庭の電力を賄っています。エネルギー問題を解決するにはこの考え方を変えるべきだと思います。これからの考え方は、すべての家に太陽光発電や風力発電を設置し電気エネルギーを自給自足することです。すべての家に太陽光パネルが設置されれば、日本の住宅の屋根が発電所となるのでかなりの量の電気が発電されることとなり、今の発電所はほぼ必要なくなります。そして、発電した電気を何キロも送電する必要がないので送電ロスがなくなります。図2は晴れた日の発電例です。ピーク時に6.5kWhほど発電しています。そして図3が4人家族の平均電気量です。ほぼエアコンが占めていますが、今は家の構造で光熱費を抑えることができるので電気量をかなり減らすことができます。さらに今は発電して余った電気をためることができるので、夜間、電力ピーク時、悪天候時にも対応でき自給自足を実現できると思います。実際に電気エネルギーを自給自足する家を売っている企業もあるので、かなり現実的です。

・エネルギーについての教育

　今の日本ではエネルギーについて考える授業がほとんどありません。あったとしても工業高校の電気科ぐらいです。なので、省エネといわれても『地球温暖化防止のため』『電気代を安くするため』という理由で省エネをしているだけであり、『あと50年で石油がなくなるから』と思いながら省エネしている人は少ないと思います。そこで、エネルギーの授業を必修化させるのがよいと思います。これからを支えていく学生に授業をし、現状を伝えることで、今のままではエネルギー危機が来てしまうということを理解してもらうことが大切だと思います。そうすれば家での電気の使い方を見直す家庭が増え、使用電力が減り、国民の多くが危機意識を持つようになることで輸入に頼らないエネルギー計画を実行しやすくなると思います。

（図1）

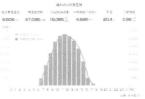

エネルギー資源の確認埋蔵量（可採年数）

※1 可採年数＝確認可採埋蔵量／年間生産量
※2 ウランの確認可採埋蔵量は育用130ドル／kgU未満
出典：原子力・エネルギー図面集2017

（上　図2）（下　図3）

■4人家庭での平均1日の使用電気量（365日を平均化）

参考：東京電力「わが家のアンペアチェックトップ」

---

5. 実践を振り返って

　このパフォーマンス評価は大変である。なぜなら、まだまだパフォーマンス課題が少ないからである。あなたが望む生徒の成長を測るためのパフォーマンス課題を生み

出さなくてはならない。そして、それを評価するためのルーブリックも、あなたが生徒の成長の観点を考えて具体的な内容で作らなければならない。自信のないままパフォーマンス評価を実施するのは不安である。しかし、その努力に見合うだけの成長が生徒には表れると実感している。生徒たちはめんどうくさいことは嫌いである。しかし、真剣に取り組んだ生徒ほどパフォーマンス評価は面白いと言っている。もし、生徒たちに思ったような成長や反応・感想がなかったとしても諦めないでほしい。その場合は、パフォーマンス課題の設定や内容、もしくは伝え方に問題があったのかもしれない。私は毎年数回のパフォーマンス評価を実施しているが、同じ内容でも生徒の反応が変わってくる。「1年前はみんな真剣にやっていたのに、今年の生徒の反応はいまいち？」と感じることもある。

　アクティブ・ラーニングと言って、クラス内で話し合わせることも必要である。しかし、話し合った後、一人一人がどんな知識を使って、何を考えたかをアウトプットさせなければ本当の意味でのアクティブ・ラーニングとは言えない。私のパフォーマンス課題は、誰と相談してもよい。友達や先生方、保護者、インターネット上で質問してもよい。**その結果として、あなたはどう考えたのか？何を考えたのか？**――それを、レポートという形でアウトプットさせることによって思考力や判断力を育て、測っているのである。

　最後に、少しだが生徒の感想を載せておこう（資料2）。

資料2　課題に取り組んだ生徒たちの感想

> 今回の電力技術で初めてパフォーマンス課題をやって正直なところ、とても大変だと自分は感じました。だけどどんどん調べていくうちに日本は今、どのようなエネルギー問題に直面してしまっているのか、そのために自分達1人1人がどのような対策をしていかなければいけないのかなどの情報を知ることができたのでとてもいい経験だと思いました。

> 何を書いたらいいのかがわからなかったです。でも、書くためにネットでいろいろ調べたら、たくさんの改善案や、考えなどがあることが分かりました。しかし、そんなにたくさんあってもなかなか改善せず、悪化している一方だという現実がとてもヤバイ状況だと思いました。なので、節電などをして少しでも悪化を遅くできるようにしたいです。

〈注〉

(1) 本校は2013年度から2015年度の3年間、文部科学省指定の『高等学校における「多様な学習成果の評価手法に関する調査研究」事業』に参加した。その時、本校の指導をして頂いたのが西岡教授である。

主体的・自律的に看護を創造できる看護実践者を育てる

── 看護科目「成人看護」の単元「がん看護」──

岡山県立倉敷中央高等学校　藤原 恭子

　医療を取り巻く現状は急速に高齢化が進み、疾病構造も変化している。そうした社会の変化に応じた看護師の育成に向け、厚生労働省「看護基礎教育検討会報告書」[1]では、これからの「地域医療構想の実現、地域包括ケア構築の推進に向け、様々な療養の場において看護が実践できる高い能力が求められている」としている。

　高校の段階から看護を学ぶ生徒たちは、発達段階から見てもあらゆる面で未熟である。看護師を目指す生徒たちがこうした社会のニーズを理解し、看護を実践していくためには主体的に自律的に学びを継続していくための基盤づくりが必要となる。そのために、単に知識・技術を習得するだけでなく、それらを患者に対し柔軟に活用できる力を育てるためにも、パフォーマンス評価を用いた授業の必要性を痛感している。今回の実践では、がん患者・家族に対する看護はどうあるべきかを考えるパフォーマンス課題への取り組みと生徒の学びを紹介したい。

1. 単元目標と評価方法

　がんイコール死というイメージを強く抱くが、実際には医療の進歩によりがんと宣告されてから人生の終焉を迎えるまでの期間が長期化している。そのため、がん患者のQOL（生活の質）を高めながら患者・家族を長期的に支援する必要があり、看護として心理的ケア、症状マネジメント、意思決定支援、家族看護、時間・人・場・資源の調整が必要とされている。

　こうしたがん患者への看護を行う上で必要な実践力を育てるために、生徒の臨地実習での経験やこれまでの専門科目の授業で得た知識を活用し、単元「がん看護」では、がん患者・家族に対する看護のあり方について考えられるよう「本質的な問い」と「永続的理解」を設定した。

● 「本質的な問い」：がんとともに生きていく患者・家族に対する看護はどうあるべきか。

● 「永続的理解」：がん告知を受けた患者・家族に対しては、がん告知から治療およびエンドオブライフの過程において生じる様々な身体的・精神的・社会的葛藤や苦痛について寄り添い、最後のその時まで患者・家族の意思決定を尊重し支援することが必要である。

また、生徒たちには、次のようなパフォーマンス課題を与えた。

「がん患者・家族の意思決定を看護師として支援する」

　園山妙子（仮名）さん、62歳、女性。夫66歳と二人暮らし。娘（40歳・38歳）は結婚して他県に住んでいる。園山さんは1年前に右乳がん（T4N1M0）と診断され、腫瘍摘出術＋腋窩リンパ節郭清術を行い、定期的に入院し放射線療法と外来での化学療法を行っている。3か月前に右肺、肝臓への多発転移が見つかり、疼痛緩和のためオピオイドを導入している。

　1週間前より食欲が低下、息苦しさが強くなり入院となる。「もうだめなのかしら……。」「最後は家に帰りたい」と言っている。しかし、夫は「家に連れて帰ってやりたいが、私一人ではどうしていいかわからない」と言っている。医師からは夫へは予後2〜3か月と言われている。

● パフォーマンス課題

　　あなたは一般病棟の看護師で園山さんのプライマリーナースです。園山さんの状態、園山さん本人と夫の思いをふまえ、園山さんと夫の両者が納得できる支援・援助について提案してください。その際に、考えられる園山さんの今後の療養の場とそれぞれの場での支援・援助がどのように行えるかを十分に検討してください。

2. 単元の流れ

　本単元（全10時間）における指導の流れは、表1の通りである。「がん看護」は看護科3年生に行っている授業である。本単元では、授業の初めにパフォーマンス課題とルーブリックを提示・説明を行い、これからの学びについて共通理解を図った。そのうえで、がん告知を受けた患者・家族の経過をイメージしながら、その時々に起こる全人的苦痛について考えを深めていけるよう授業を進めていった。また、がん看護の実際をイメージしやすいようがん専門看護師の実際やがん患者・家族の思いを語ったDVDなど視覚的教材等を活用した。

表1　単元の流れと授業計画

時間	主題	主発問	学習活動と内容	メモ
1 2	がん患者と家族の意思決定を支援する	がん患者・家族が抱える苦痛とはどのようなものか	・がん患者・家族のとらえ方 ・がん患者の意思決定の支援	□がん患者・家族のマネジメント □アドバンスケアプランニング
3	社会の動向とこれからのがん医療	がんとはなにか	・がんのとらえ方 ・がんの経過 ・日本の統計資料からみるがんの動向 ・日本のがん対策	□がんの病態と経過 □日本の疾病構造 □日本の死亡割合 □がん対策基本法 □がん対策推進基本計画
4 5 6	がん治療と看護 1）がん化学療法 2）放射線療法 3）外科的治療法 4）代替療法	がん治療期における看護はどうあるべきか	・がん治療の柱と患者の反応 ・各がん治療による影響 ・各がん治療における看護	□最近のがん治療の動向 □抗腫瘍薬の作用メカニズムと副反応および看護 □放射線療法を受ける患者の看護 □手術を受ける患者の看護（術後の機能回復）
7 8	がん患者の療養支援	がん患者・家族を支援するためにはどうすればよいか	・がん患者の療養の場 ・がん患者の療養調整 ・がん看護におけるチーム医療	□地域包括ケア □がん患者・家族を支援するためのチーム医療
9 10	エンド・オブ・ライフケア	がん患者・家族が後悔のない最期を迎えるために看護はどうあるべきか	・エンド・オブ・ライフケアの概念 ・終末期における療養支援 ・予期悲嘆とグリーフケア	□緩和ケア □終末期の看護 □臨終期の看護 □エンゼルケア
11 12	パフォーマンス課題発表	がん患者・家族に対する看護はどうあるべきか	園山さんの療養の場を「在宅」「緩和ケア病棟」「一般病棟」に分け、グループごとに発表（発表はポスターセッション形式で行う）	

3. 授業の実際

　10時間の授業の後、パフォーマンス課題に取り組むにあたって、「在宅」「緩和ケア病棟」「一般病棟」に療養の場を分け、グループごとにそれぞれ提案ができるよう取り組んだ。生徒たちはルーブリックをもとに授業ポートフォリオを活用しながら話し合いを深めていった。パフォーマンス課題の発表ではポスターセッション形式で行

い、説明を受ける側は患者・家族の立場から参加するよう指示をしている。パフォーマンス課題の発表を終えた後、本単元の「本質的な問い」に対する生徒の学びを総括するためにレポート提出を求めた。

図1　パフォーマンス課題への取組の様子

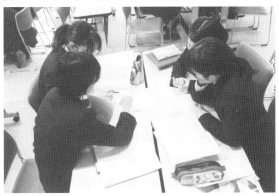

これまで生徒たちは、授業の中でオープンエンドな問いを明示してもグループワークを行うと、まず考えることよりも教科書のページをめくりひたすら答えを探し出すという作業をしていた。しかし、パフォーマンス課題への取組を重ねていくと次第に教科書だけでなく自分たちで必要な資料を持ち寄り、その資料をもとに意見を交わし患者・家族の思いを何度も確認しながら考えを深めていく姿がとても印象的であった。

4．ルーブリックと生徒の作品例

　本単元で用いたルーブリックは表2、生徒の作品例は図2の通りである。「在宅」「緩和ケア病棟」「一般病棟」の各療養の場での提案した内容はいずれの場合も表2のルーブリックに照らして評価することができた。たとえば、図2に示した作品および発表内容では、患者の現在の身体面・精神面・社会面がどのような状況であるかをこれまでに学んだ医学知識などの根拠にもとづいて深く考察し、今後どのような問題が起こりうるのかを明確に述べている。また、その際に生じる患者・家族が抱える課題解決に向けて、設定した療養の場でどのように支援できるかについて授業での学びやポートフォリオを活用し、具体的で実現可能な提案内容になっているかを確認した。そのうえで、チーム医療としてどの職種とどの様に連携を図ることで、より患者・家族のQOLを最大限高めていくことができているか。特に患者の「家に帰りたい」という思いをどのように看護師として実現できるかについて検討し提案できている点について評価した。グループワークでの発表後に生徒の個人評価として、単元の「がんとともに生きていく患者・家族に対する看護はどうあるべきか」の本質的な問いに対し、A4レポート用紙一枚に記述を求め授業評価に入れた。

表2　ルーブリック

評価規準	A	B	C
1. がん患者・家族の意思決定を支援できる	がん患者と患者を支える家族の身体的・精神的・社会的苦痛や葛藤について理解し、患者の様々な療養の場における療養に必要な医療及び社会資源の活用について言及し患者・家族が必要とする具体的で実現可能な情報提供ができている	がん患者と患者を支える家族の身体的・精神的・社会的苦痛や葛藤について理解しているが、患者の様々な療養の場における療養に必要な医療及び社会資源の活用にまでは言及できていない	がん患者と患者を支える家族が抱える苦痛や葛藤について理解はしているが、患者・家族の意向に沿った支援になっていない
2. がん患者を支援するために他職種との連携について考えられる	医療チームの中で、他職種の専門性をふまえ、患者・家族に必要な支援の在り方について具体的に支援の調整が考えられている	医療チームの中で、他職種の専門性をふまえ、患者・家族の支援について必要な支援調整が考えられる	他職種の専門性をふまえることなく、患者・家族への支援が限局的である

図2　パフォーマンス課題の発表資料

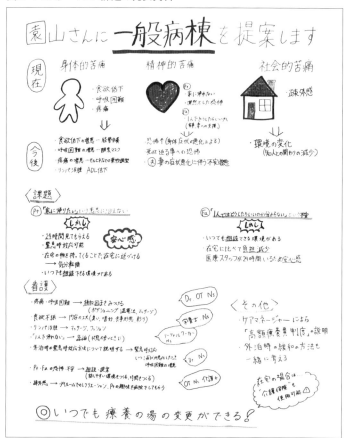

5．実践を振り返って

　がん看護の授業の振り返りで、生徒たちは次のように学びを表現している。

○ がん看護では、普段考えていた以上に看護を深く考えることができた。がん患者特有の苦痛もあり、私たちは想像することしかできないけれど、関わる上で気持ちを知ること、知りたいと思うことは選択する場面や治療中などいろいろなことで重要になってくると改めて思った。

○ 看護師として、価値観や固定観念にとらわれることなく、その人らしさを引き出し、本当に患者さんはそれを望んでいるのかきちんとアセスメントすることが大切だと学んだ。

○ 授業を通じて、がん患者さんといっても生活者であるという大前提が大切であることがわかった。療養をするうえで多面的にとらえていくことが重要であることがわかった。

　これまで、担当する授業の中で可能な限りパフォーマンス評価を行っているが、パフォーマンス課題の発表ではうまくいくことばかりではなく、授業の在り方や課題設定について深く反省させられることの方が多い。しかし、生徒はこの授業を通じて、患者・家族の想いを尊重するとはどういうことなのか、また看護師としてどうすることが、最善の看護になるのかを学ぶことができている。これは看護の本質でもあり、こうした学びをきっかけとして、生徒たちはこれまでの看護臨地実習で出会った患者との関わりなどを振り返り、「看護とはどうあるべきか」の問いに臨んでいく。生徒の感想の中に、「今まで私は、実習でも患者さんの意思を尊重しすぎて、よりよい看護を行えなかった経験があります。それは単に『知識がなかった』からではなく、患者さんの今後について『考え、知ろうとしなかった』ことの結果なんだと今回のパフォーマンス課題を通じて感じました。これからは患者さんを思い、考えることができるようになりたい」とあった。このように、生徒は単にがん患者・家族への看護の在り方だけでなく、そこから自己課題を見出し、新たに探究し始めている。こうした、生徒の深い学びを支援できるよう、これからもパフォーマンス評価への理解を深めながら努めていきたいと考えている。

〈注〉

(1) 厚生労働省「看護基礎教育検討会報告書」2019年10月（https://www.mhlw.go.jp/stf/newpage_07297.html）。

「社会を変える」地域連携プロジェクト
—— 単元「地域課題研究」——

金沢大学人間社会学域学校教育学類附属高等学校　塚田　章裕

　本校は、1学年3クラスの小規模な国立大学附属の高等学校である。2014年度から5年間、文部科学省からスーパーグローバルハイスクール（SGH）校の指定を受け、2019年度からは同じく文部科学省からWWL（ワールド・ワイド・ラーニング）コンソーシアム構築支援事業の拠点校に指定された。

　以前から「総合的な学習の時間」に力を入れており、SGHやWWL事業は「総合的な学習（探究）の時間」を中心に組み立てられている。

　本稿では、「総合的な探究の時間」のうち、1年時の「地域課題研究」について述べる。地域の課題の発見・解決という取り組みは、多くの学校で実施されており、生徒にとっても取り組みやすいものと思われる。本校の「地域課題研究」はSGH校に指定された2014年度から始まり、今年で6年目を迎える。その間、少しずつ改良を重ね、現在に至っている。始まった当初は、調査だけに終わるものや、机上の空論でしかないものも多かったが、現在では、実際に社会に対して提案し、採用されて「社会を変える」というレベルのものもいくつか見られるようになってきた。本稿では主に2019年度の実践について報告する。

1．目標とカリキュラム

　本校の「地域課題研究」の目標については、実際に生徒に示した文章をご覧いただきたい。

　　地域活性化プロジェクト（「地域課題研究」）のテーマは、「身近な地域やそこに暮らす人びとを幸せにする方法を提案・実践しよう！」である。このプロジェクトを通じ、生徒は①地域の課題を自分たちで発見し（課題発見）、②実社会で生きる方々を巻き込んで（協働）、③高校生らしい発想で解決策を提案・実践する（独創・実践）

課題解決学習に取り組み、グローバル社会とつながる地域社会について、主体的に認識を深めることが期待されている。

　本プロジェクトは、学校からおおむね２時間で往復できるエリア（主に、金沢市内）を対象に、フィールドワーク等の手法を駆使して、各チームが課題の設定からその解決策の提案・実践まで行うことを目標に進めてきた。このようなプログラムを設定した理由は次の通りである。

　人間が生活する地域にはそれぞれ、固有の歴史や文化、資源、人材、資本があり、どの地域も人々が豊かに暮らすことができる条件や可能性を備えているが、それを実現するためには多くの課題を克服しなければならない。地域の主人公は、言うまでもなくそこに暮らす住民であるが、住民を中心に、地域に責任を持つ自治体、地域で活動する団体・グループ、地域の関心を持つ個人など様々な力が集まってこそ、地域は躍動し、創造性を高めていくことができる。本プロジェクトを通じ具体的な解決策を考察する中で、様々な人間や自然の営みを肌で感じることは、人材育成の観点からも欠かせない学習活動であろう。地域活性化のために、地域が抱える問題を明らかにし、地域の魅力と新たな発展の芽を見出す作業は欠かせない。地球上のすべての人びとは、必ずどこかの地域で暮らし、働き、人生のすべての時間を地域とともに送っている。従って、この地域に寄り添った学習活動は、日本を超えて世界に通ずる普遍性につながってゆくことが期待される。この授業の真のねらいはここにある。

　次に、カリキュラムについて説明しよう。2014年度から2018年度まで、本校の「総合的な学習の時間」は１年時２単位（「地域課題研究」と「異文化研究」）、２年時１単位（「グローバル提案」）、３年時１単位（「グローバル・キャリアパス」）の計４単位であった。しかし、ＷＷＬ拠点校に指定されたことにより、新しく文理融合科目を設置するため、１年時の「総合的な探究の時間」を１単位に減らし、文理融合科目として「国際教養 基礎」（１単位）を新たに設定した。従来の総合的な学習の時間のうち、「国際教養 基礎」で〈理論〉、「総合的な探究の時間」で〈実践〉というように相互に往還しながら学習するというスタイルを決めた。

　2019年度は、金曜日の５、６時限に「国際教養 基礎」と「総合的な探究の時間」を設定した。実際の運用は、「国際教養 基礎」が２時間の日もあれば、「総合的な探究の時間」が２時間の日、もしくは両者１時間ずつというように、弾力的に行った（表１）。

表1　年間スケジュール

月	日	内容
4	12	オリエンテーション　／　平和町を探検しよう！
	19	平和町探検・成果報告会（ラウンドテーブル）
	26	★運動会をデザインしよう！
5	10	地域再生に関する講演（金沢大学・佐無田光先生）
	17	プロジェクトチーム（PT）立ち上げ！
	24	★NASAゲーム・チーム力向上研修
6	7	調査・実践日①（フィールドワーク＝FW不可），PT会議
	14	調査・実践日②（FW可），PT会議
	21	調査・実践日③（FW可），PT会議
	28	進捗状況整理会
7	10	★フィールドワーク研修　／　現地学習計画立案
	19	調査・実践日④（1・2限FW可），PT会議
	26	調査・実践日⑤（現地学習1日目，FW必）
8	夏休	＊＊＊PT別活動期＊＊＊
	夏補	PT会議（中間報告準備，FW不可）
	29	第2回中間報告会〜コメンテーターは2年生！
9	6	調査・実践日⑥（FW可），PT会議
	13	調査・実践日⑦（FW可），PT会議
	20	★プレゼンテーションスキル研修
	27	企画・報告書およびポスター作成①
10	11	企画・報告書およびポスター作成②
11	1	報告会①
	15	報告会②
	22	報告会③
1	11	☆☆附属・泉丘・二水・西高 合同課題研究発表会☆☆
2	21	企業向けポスターセッション

★印は「国際教養 基礎」「国際教養 基礎」の授業は一部省略

2.「地域課題研究」の内容と特徴

　生徒たちは、「地域課題研究」にグループで取り組む。

　グループ分けについては、似たようなテーマに興味のある者どうしで作る場合と、先にグループを作ってその後テーマを決めさせるという場合がある。2019年度は興味のあるテーマで集まり、5人で1班（1クラス8班）のグループを作った（表2参照）。また、7人の教員が担当することとなり、1人の教員が最大4班の指導を行うこととなった。

　まず、生徒はiPadやスマートフォンを用い、テーマに関する基礎情報や先行事例について調査を行った。その後、テーマ設定は適切か、調査方法や内容に問題がないかなど、教員に意見を求める。その際の指導方法は、教員の社会人としての経験に基づいて指導するという、比較的教員個人の裁量に任されている。ちなみに筆者はあまり細かく指導はしない。なぜなら、教員が指導しすぎると、教員個人の「型」にはまった研究となってしまい、高校生の柔軟な発想をつぶしてしまいかねない。教員の発想を超えたユニークな研究を望んでいるし、それは十分に可能だと思っている。筆者は「なんか面白くないなあ」「それでいいと思ってるの？」という言葉をよく使用した。そう言われると、生徒は苛立ちながらも、何が足りないのか、自分自身で考えるようになり、研究のレベルがぐっと上がるようになった。

　2019年度は、「地域課題研究」を「地域活性化プロジェクト」と位置づけ、地域へのアプローチを具体化させた。以前は、夏休みに行っていたフィールドワークを、授業時間内にも認め、より研究を深めることができた。

　また、学校の所在地である平和町の活性化に取り組むグループを募ったところ、4つのグループが参加し、「平和町プロジェクト」を発足させた。具体的な内容は、「平和町大通り商店街エコショップマップ作成」、夏祭りやハロウィンイベントへの参画、新イベントの企画・立案である。20人の生徒は、定期的に商店街の方々と会合を行い、地域への参画に積極的に取り組んだ。まさに「地域に開かれた学校」へと進んでいる。

　なお、本校の「地域課題研究」は外部の多くの方々の協力から成り立っている。日本政策金融公庫や北陸財務局の方々には、生徒へのアドバイスや発表時の審査をしてもらっている。また、教員だけで外部との折衝は大変多くの労力を必要とする。2019年度は、WWL事業として、「カリキュラム・アドバイザー」の設置が義務づけられ、本校では、たまたま本校を退職して新たに教育コンサルタントを起業した元教

員にお願いした。特に、「平和町プロジェクト」では、生徒と商店街とのパイプ役を見事に果たしてくれた。

　さらに、2019年度は、多くの発表の機会を設けた。8月には2年生に向けての中間報告会、11月にはパワーポイントでの発表、1月には近隣の3校を含めた課題研究発表会（ポスターセッション）、そして2月には「企業向けポスターセッション」を行った。特に、2月の「企業向けポスターセッション」は、実社会で働く方々のコメントは大変厳しいものもあり、生徒を大きく成長させるものとなった。

表2　グループのテーマ一覧（「地域課題研究」終了時）

組	班	テーマ
A	1	空き家に飽き飽きや!! ～地域革命～
	3	大麦ストロー
	4	金沢マラソン追っかけ応援プロジェクト
	5	灯台下暗し!? 金沢市中央卸売市場PR作戦
	6	金沢を自転車にも，便利な街へ
	7	用水の魅力を伝えよう
	8	外国人観光客向けに観光マップを作る
B	1	To Make Ishikawa Diverse ～繋ごう，BATON ～
	2	Art Spiral ～アートの渦～
	3	のと鉄道改革
	4	附属高校の充実ランチ計画
	5	Roadmap to history of Kanazawa
	8	我が市の和菓子
C	2	金沢の自然の魅力を伝えよう
	3	トイレにいっといれ！
	4	金沢の良さを伝える動画
	5	ハピリバ ～ HAPPY RIVERBED ～
	6	Ⅲプロジェクト ～アイスを愛する私たちの石川まるごとアイス～
	7	寺町を幸せにする ～住民間コミュニティの創生～
	8	学校情報改革
A2，B6，B7，C1		平和町プロジェクト

3. 生徒の作品例

　紙幅の関係で多くは紹介できないが、生徒の作品例を2点だけ掲載する。

　図1（p.162）は、「平和町大通り商店街エコショップマップ」である。作成に当たっては生徒が各店舗にインタビューをし、デザインも生徒自身で行った。金沢市の協力で立派なエコショップマップができあがった。大きさは、A3判八つ折りである。やはり、実際に形に残る成果物ができあがると、感慨もひとしおである。

　図2（p.163）は、表2のB組2班が研究の成果をポスターセッション用にまとめたものである。普通、ポスターセッション用のポスターは、ある程度定型的なものが多いが、このポスターは、まさに芸術的な「ポスター」のスタイルで作成した。この発想は、教員からは生まれない。そして、多くの大人を巻き込みながら、2021年春に、金沢の「竪町ストリート」で「かなざわ未来芸術祭」を開催予定までこぎつけている。

4. 実践を振り返って

　以上、「地域課題研究」についての実践を報告した。しかし、課題がないわけではない。それは、評価についてである。一応、パワーポイントを使った発表にはルーブリックに照らして評価しているが、発表に対する評価だけではなく、発表までの過程をどのように評価するかが、まだ定まっていない。本校の研究は、「とにかくやってみよう」という思いが先にあり、評価やエビデンスなどについては、つい後回しになっていることが課題である。

〈参考文献〉

・宮崎嵩啓「地域活性化プロジェクト・実践報告」金沢大学附属高校『高校教育研究』第71号、2020年3月。pp.216-223。

図1　平和町大通り商店街エコショップマップ

（表面）

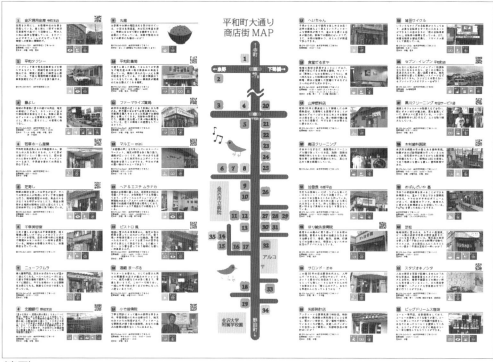

（裏面）

図2　ポスターセッション用のポスター

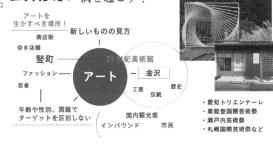

探究する力を育成する
―― 「探究基礎Ⅱ」における個人研究 ――

京都市立堀川高等学校　飯澤 功

　京都市立堀川高等学校（以下、堀川高校）の「探究基礎」は、探究するために必要な専門的な知識や技能、思考力等を習得させることを目的とした授業である。もともとは、1999年に新設された専門学科である人間探究科・自然探究科の専門科目として設置され、担任団が企画・運営の中心を担っていた。2002年度には、探究基礎の授業内容を企画・立案する研究開発部（現 研究部）が作られ、より継続的に授業内容の改善を行えるような、また学校全体で探究を支える体制を整えていった。加えて、SSH研究開発指定、SGH研究開発指定を受け、理数系探究の指導体制や、社会的な問題への視点を身につけさせる指導法、探究活動の評価の方法の研究開発などを進めることができた。

　特にSSH研究開発指定を受けたのち、探究活動の評価に関する研究においては、探究活動の成果そのものへの評価だけではなく、発表や論文といった活動の成果や活動そのものから見とることができる、生徒が身につけた力を評価することを目ざしてきた。生徒の探究活動の成果そのものに関する評価――新たな実験手法の開発、今まで知られていなかったことの発見、探究課題の設定の独自性など――は、生徒の探究課題の選び方や偶然のめぐりあわせなどに大きく依存する上、我々の教育活動の改善にも繋がりづらいからである。

　「探究基礎」の目的については後述するが、筆者が本校の生徒に探究活動から学んで欲しいと特に考えているのは、自分がわからない事やできない事との付き合い方である。わからない事を「知りたい」と思ったり、できない事を「できるようになりたい」と思ったりした際、それを実現するというのは、一つの積極的な対処であり、本校の授業でもその普遍的な方法を身につけることが大きな目的である。しかし、それ以外にも、「明確な答えはないかもしれない」と予想したり、「今はわからないけど、いつかはわかりたい」と心に留めておいたりすることも、大事な態度だと考える。一回の探究活動で想定通りの結論にたどり着かなくとも、何かを明らかにすることの難

しさを痛感したり、生徒が自分自身の次のステップにつながるような気づきを得られたりすれば、十分な成果であると強く感じている。

　この章では、「探究基礎」の流れについて説明し、実際にある生徒の「探究基礎」での活動内容とその評価をまとめ、生徒がどのように探究の進め方を学び、また、進路にも繋がる気づきを得たかを報告する。なお、筆者が直接探究の指導をしたわけではないが、指導した教員からの聞き取りや生徒の記載した資料をもとに報告したい。

1. 目標とカリキュラム

　「探究基礎」の目標は、次の通りである。

● 探究的な活動を通して、自ら問題を発見し、よりよく解決するために必要な知識・技能を身につける。
● 事実の記述や他者の主張を多面的・批判的に検討し、根拠や理由から論理的に答えを導き、まとめ・表現することができるようにする。
● 経験や考え方が異なる他者との対話を重視する態度を育て、身につけた資質・能力を自己の在り方生き方に活かしていけるようにする。

　本校では、自分自身が探究したい対象を決め、実際に探究活動を実践することで生徒にこれらの力が身につくと考えている。しかし、いきなり課題設定をして探究活動していくことは困難であろうと考え、まずは、探究の考え方や、基本的な手法を学ぶ期間を設定し、その後、探究を実践する期間をおいている。具体的には、「探究する上での基礎となる知識・技能を学ぶ期間」、「具体的な対象を調査するための技術を学ぶ期間」、そして「これまで身につけたことを活用し実際に探究活動を実践する期間」の三段階に分けており、それぞれHOP（第1学年前期）、STEP（第1学年後期）、JUMP（第2学年前期）と呼称している（表1）。

　特にSTEPからは生徒は専門分野ごとにゼミと呼ばれる少人数講座に分かれる。この期間では、自分が明らかにしたいことのためにどのような調査・実験をすればよいか、その際どのような知識・技能が必要となるか、また、それらをどのように役立てていけばいいかを見通す力をつけることを目標としている。そのために、決められた本を輪読したり、与えられた課題の調査・実験をしたりすることで、専門分野に特有の調査・実験技法を学ぶ。また、個人で探究をすすめるJUMPでは、多くの生徒がその探究テーマがなかなか決まらずに苦労をすることが多い。そこで、STEPにおい

て、個人探究のテーマにつながるような調査活動をしたり、JUMPの研究計画書を書かせたりする場合もある。

　第2学年4月から始まる個人研究期間であるJUMPでは、指導担当者や近隣大学院の院生のティーチングアシスタント（TA）による面談や実験補助などの支援を受けながら夏休みまでに探究をすすめる。その後、一旦論文としてまとめ夏休み後に提出する。提出された論文に教員・TAが指摘をし、修正や必要があれば再実験・再調査

表1　堀川高校における「探究基礎」の流れ

学年・学期 （別称）		第1学年前期 （HOP）	第1学年後期 （STEP）	第2学年前期（JUMP）
授業名 （時間数）	普通科	社会と情報^{※2} （2単位のうち、前期2時間：1単位分）	探究基礎Ⅰ^{※3} （後期2時間分）	探究基礎Ⅱ^{※3} （前期2時間分）
	探究学科群^{※1}	探究基礎Ⅰα^{※2} （2単位のうち、前期2時間：1単位分）	探究基礎Ⅰβ^{※3} （後期2時間分）	
位置づけと目標		探究の「型」を学ぶ＝ 探究の具体的方法を学ぶ前に、どの分野を探究する上でも必要な探究の進め方や、表現の仕方を学ぶ	探究の「術」を身につける＝ 学問分野ごとに整備されている具体的な調査技法（実験・フィールドワーク・資料の見方など）を学ぶ	探究の「道」を知る＝ 実際に探究活動をすすめることで、普遍的な探究能力を高める
授業の形式 （同一時間帯に2クラスが授業）		2クラス同時進行あるいは、クラスの半数×4講座同時進行	少人数講座（ゼミ）での授業 ゼミ生徒数10名程度 普通科8講座、探究学科群9講座	少人数講座（ゼミ）での授業 ゼミ生徒数10名程度 普通科8講座、人間探究科と自然探究科9講座
授業担当者		国語科・英語科・数学科（探究学科群のみ）・情報科（普通科は2名）	ゼミを担当する教科から1～2名	ゼミを担当する教科から1～2名

※1　人間探究科・自然探究科を合わせた呼称。この二学科は選抜時では一括募集であり、1年11月に学科を選択し、2年次からそれぞれの学科に配属される。
※2　「社会と情報」と「探究基礎Ⅰα」は、前期のみ2時間の授業と通年1時間の授業を合わせた通年2単位の科目である。
※3　「探究基礎Ⅰ」「探究基礎Ⅰβ」「探究基礎Ⅱ」は、「総合的な学習の時間」の校内呼称である。

を行い、9月中旬には1学年およそ240人が発表者となるポスター形式の発表会を実施する。その場では聴衆である1年生・教員・外部の見学者から質問・アドバイス・批判を受ける。それらの質疑応答の内容や指摘を踏まえ、論文の手直しも行いながら最終提出する。

　JUMPが終了した後、生徒たちが得たことや学んだこと、今後に活かしたいことなどを振り返る「探究基礎活動録」という冊子を作成している。この冊子自体は成績をつけるための評価の対象とはなっていないが、生徒がどのような力をつけたか、ということを把握するための資料として非常に有効である。

2. 生徒の事例 ── 課題の設定は探究を進めながら

　今回、紹介する生徒は2016年度1年次STEPで生物学・化学ゼミに所属していた。この生徒は「弟の靴が非常に臭く、消臭剤でもその匂いが消えない」という個人的な問題意識から、匂いの原因と対策を明らかにする、という探究をしたいと考えていた。まずは、この生徒がSTEPの時期に書いた研究計画である「課題設定トライアル」に対する記載に対して、どのような評価を行い、その結果どのような指導をしたかを述べる（図1）。

　なお、（ ）内に示した観点とレベルは、第1部**2**で紹介している標準ルーブリック（pp.30-31）との対応を示している。

　項目①「何について、何を明らかにしたいのか」ということに対しては「まず、消臭について、消臭の科学的や物理的感覚的などの効果を確認し、弟のくつのにおいの原因や強さを明らかにする」と記載していた。また「どのような実験を行い、何を計測するのか、そして得られたデータをどのようなグラフとして表すのか」という項目については、消臭効果があると考えられたり、消臭効果があるとされたりしているものを4種類用意し、それらを作用させない場合と、それらを作用させた場合で、靴の臭気の変化を測定する、といった内容を記載していた。

　探究課題の設定は、生徒のつまずきが特に見えやすいところである。課題設定は探究活動のはじめに行う場合が多いが、課題は探究活動が深まるにつれて具体化されていく。つまり、設定された課題については、探究が進んでいく過程で特に何度も評価をし、生徒にも常に「課題の具体化や、設定し直しが必要でないか」ということを意識させるように指導する必要がある。

　さて、今回紹介している事例では、自分自身の素朴な疑問や、知りたいことを表現

図1　STEPにおいて生徒が書いた「課題設定トライアル」

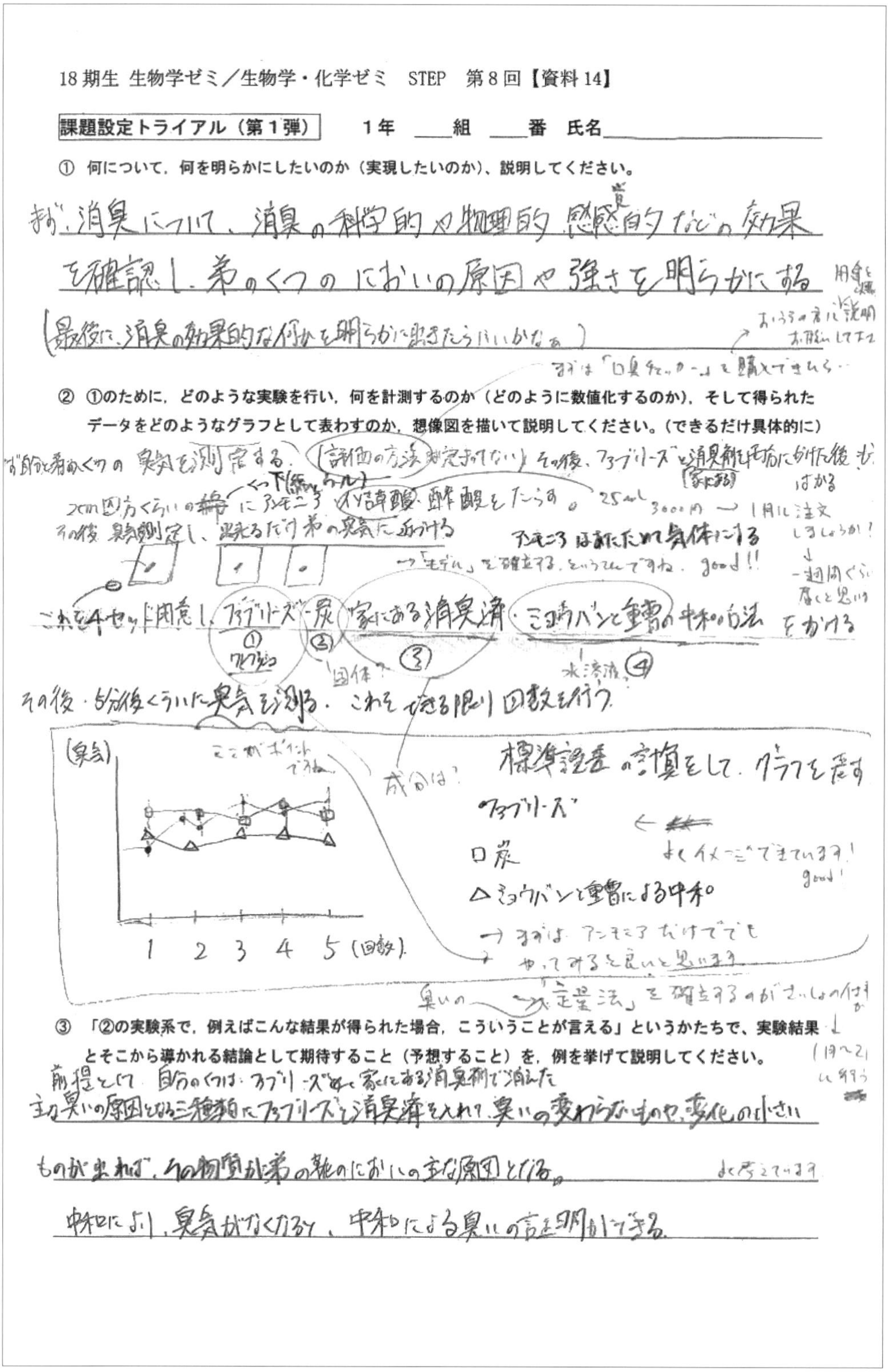

18期生　生物学ゼミ／生物学・化学ゼミ　STEP　第8回【資料14】

課題設定トライアル（第1弾）　　　1年　　　組　　　番　氏名

① 何について，何を明らかにしたいのか（実現したいのか），説明してください。

まず，消臭について，消臭の科学的や物理的・感覚的などの効果を確認し，弟のくつのにおいの原因や強さを明らかにする。

（最後に，消臭の効果的な何かを明らかに出来たらいいかな。）

② ①のために，どのような実験を行い，何を計測するのか（どのように数値化するのか），そして得られたデータをどのようなグラフとして表わすのか，想像図を描いて説明してください。（できるだけ具体的に）

③ 「②の実験系で，例えばこんな結果が得られた場合，こういうことが言える」というかたちで，実験結果とそこから導かれる結論として期待すること（予想すること）を，例を挙げて説明してください。

前提として，自分のくつは，ファブリーズや，家にある消臭剤で消えた主な臭いの原因となる三種類にファブリーズや消臭剤を入れて，臭いの変わらないものや，変化の小さいものがあれば，その物質が弟の靴のにおいの主な原因とわかる。

中和により，臭気がなくなり，中和による臭いの差を明らかにできる。

できているものの、まだまだ曖昧な語を含んでおり、実験計画を立てられるようなものではないことがわかる。特に顕著なのは「どのような実験を行い、何を計測するのか」という項目に対する記載のうち「臭気の変化を測定する」という箇所である。実際、自分自身が用いることができる方法で臭気の測定をどのように行うのか、ということが明確でないため、このままでは具体的な実験計画が立てることができない（課題の具体化：レベル2）。

このような場合には「臭気」について、原因となる物質や人の感覚などについて書籍や先行研究などを調べさせるという指導をしたり、それらを基に、学校にある器具や自分が実施できる手法で直接的あるいは間接的に「臭気」を測る手法を考えさせた

図2　生徒の振り返り

①ゼミ活動で具体的にどのような経験をしたのか

　　足や靴のにおいについて研究する中で、すぐに問題が発生した。それはにおいを数値化することの難しさと、においが個人によって不快か不快でないかで分かれることだ。しかし視点を変え、においの原因となる細菌に対する抗菌というテーマで最終的に足や靴のにおいに結び付けることができた。

②探究基礎を通して「探究」への意識がどのように変化したか

　　1年生の時は探究というものは一年半で終わるものだと思っていたが、一年半の探究基礎を経て、探究すればするほどほかに解決したいことや別の疑問が出てきて、探究は終わりがないものだと思うようになった。

③JUMPが終わった今、次にどのようなことにチャレンジしたいか

　　これから先に何か困難に出会ったときに諦めたり妥協せず、探究基礎で学んだ多方面から物事を見たり、原点に立ち返るということが役立つと考えられる。これは、これから大学などで役立たせるだけではなく、日常生活から役立たせたい。

④論文タイトル／要旨

　　「ヒトの足や靴の悪臭の原因となる細菌に対する抗菌効果の検証」
　　ヒトの足や靴などの悪臭の原因となる黄色ブドウ球菌（皮膚の常在菌の一種）に対する各種の物質の抗菌効果を検証した。コロニー数をカウントする方法で最近の生存率を計測した。結果は「ファブリーズ」が最も高い抗菌効果を示すという結果が得られた。また、「リセッシュ」については、時間とともに抗菌効果が高まることが分かった。

りすることもできる。しかし、この生徒の指導を担当した教員は課題設定の段階では
このような指導をせずに、このまま具体的な実験計画を立てさせた。曖昧な課題設定
では、具体的な実験計画を立てたり、実際に実験をすすめたりすることは困難であ
り、その曖昧さを生徒自身が認識するきっかけとなる。つまり、自分自身で課題の曖
昧さに気づくのを待ったわけである。実際、この生徒は「探究基礎活動録」で、「すぐ
ぐに問題が発生した。それはにおいを数値化することの難しさ」と述べている。

　この生徒は具体的な研究計画を立てる段階で「臭気」そのものを測定可能な数値と
して定義することが難しいと判断した。その時点で教員や、TAに実施できる具体的
な実験手法について相談をし、その結果、1年次にゼミ全員で実施した、細菌を培養
しコロニーを数えるという方法を用い、臭気を消臭する効果ではなく、匂いの原因物
質を産生する細菌の繁殖を防ぐ効果を探ることにした（課題の具体化：レベル4）。
「探究基礎活動録」では、「……しかし、視点を変え、においの原因となる細菌に対す
る抗菌というテーマで最終的に足や靴のにおいに結び付けることができた」と述べて
いる。

3. 実際の実験を進めることで見通しが立つようになる

　次に、本校では、生徒が毎回の授業の後、探究の進捗や気づいたことや、困ってい
ることを記載するための「探究ノート」を作成している。「探究ノート」は生徒の記
入後に回収され、担当教員もコメントを記入し、実験の進め方についてやりとりをし
たり、生徒の気づきを捉えフィードバックしたりしている。生徒は「探究基礎活動
録」を記載する際には、「探究ノート」の記載も参考にしながら、改めて振り返りを
行う。

　例えば、この生徒は実験の準備の段取りなどについて、「オートクレーブ（ここで
は、培地や機器等の滅菌のこと）は時間がかかるので、一気に行ったり、月曜日に行
うなどの工夫が必要」という気づきを記している。これから、実際に作業を進める中
で得た経験を自分の研究計画に反映させようとしていることが伺える（調査計画の立
案と実施：レベル5）。この記載について指導担当教員も「大切です」と評価するコ
メントをしている。今取り組んでいる探究についての計画力だけでなく、自分自身が
得た経験を次の活動に活かそうという態度を養うためにも、そのような徴候を捉え、
強化することが重要と考える。

図3 「探究ノート」の記載

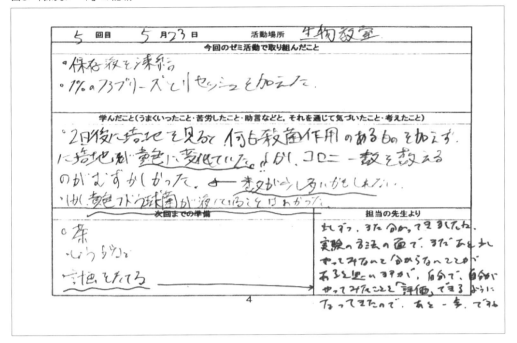

4. 生徒の作品例

　JUMPの終了時、探究の成果を論文にまとめる際、序論には、自分の研究の他者にとっての意義を記載するよう指導している。そこで、論文を材料に改めて生徒の課題を評価してみよう。

　今回紹介する生徒は、序論に「発汗等に伴うヒトの足および靴の悪臭の発生は多くの生活上の深刻な問題である。臭いの原因の一つは……黄色ブドウ球菌と考えられている（水谷千代美ほか、2013）。しかし、実際に……どのような物質がそれぞれどれほどの抗菌効果を示すのか、……あまり明らかになってない」と記述していた。このことから、当初はごく個人的な問題意識から始まった課題を、社会や学問においてどのような位置づけも考えながら捉えなおすことができたことがわかる（研究の意義づけ：レベル4）。また、当初は曖昧な語を含んでいた探究課題であったが、用語や操作の定義の重要性に気づくことができた生徒は、論文中で使う用語を定義していた。探究活動のプロセスを通して、評価が可能な目標や検証可能な具体的な課題を設定しなおしていることが読み取れた（課題の具体化：レベル4）。

図4　生徒が最終的に提出した論文（一部）

ヒトの足や靴の悪臭の原因となる細菌に対する抗菌効果の検証

（京都市立堀川高校普通科・18 期生・生物学・化学ゼミ）

要旨

　ヒトの足や靴などの悪臭の原因となる黄色ブドウ球菌(皮膚の常在菌の一種)に対する各種の物質の抗菌効果を検証した。本論文では，この細菌が一定の密度で存在する培養液に抗菌効果があるとされる物質をさまざまな濃度で加えて，この細菌を選択的に培養できる組成の寒天培地に播種し，コロニー数をカウントする方法で細菌の生存率を計測した。また，「リセッシュ」の 0.10%(v/v)の場合においては「リセッシュ」を加えた後に放置して抗菌効果が高まるのかについても検証した。結果は「ファブリーズ」が最も高い抗菌効果を示すという結果が得られた。また，「リセッシュ」については，時間とともに抗菌効果が高まることが分かった。

【キーワード】黄色ブドウ球菌　抗菌　コロニー　「ファブリーズ」　「リセッシュ」　ショウガ

1. 背景と目的

　発汗等に伴うヒトの足および靴の悪臭の発生は多くの生活上の深刻な問題である。臭いの原因の一つは，皮膚表面に多く存在する黄色ブドウ球菌と考えられている（水谷千代美ほか，2013）。しかしながら，実際にこの黄色ブドウ球菌に対して，どのような物質がそれぞれどれほどの抗菌効果を示すのか，そしてどのような物質が最も高い抗菌効果を示すのかはあまり明らかになってない。新垣エリカほか(2016)や笹津備規ほか(1994)によると，黄色ブドウ球菌に対して，ショウガのしぼり汁，および両性界面活性剤は抗菌作用を示すことが分かっている。[1][4]

　そこで本論文では，黄色ブドウ球菌に対して，一般的に抗菌効果があると考えられる化学製品の「リセッシュ(花王)」，「ファブリーズ(P&G)」および，有機産物としてショウガ(高知県産)のしぼり汁を比較してどのような方法が高い抗菌効果を示すのかについて調べた。同時に「リセッシュ」，「ファブリーズ」のそれぞれのラベルにある「99%除菌」，「99.9%除菌」は本当であるのかについても検討した。先行研究をふまえて，両性界面活性剤を含む「リセッシュ」と抗菌性物質を含むショウガの 2 種類は，これら 2 つの物質を含んでいない「ファブリーズ」より高い抗菌効果を示すという仮説を立てた。

2. 定義

　黄色ブドウ球菌とは，ヒトの皮膚表面に存在し，マンニット食塩寒天培地においてマンニトール($C_6H_{14}O_6$)を分解し，黄色に培地を変化させ，悪臭の原因となる菌とした。ただし，菌の数が多い，あるいは菌を培地上で放置し続けると，黄色から赤色に変化すること

-1-

5. 実践を振り返って

　最後に本稿で取り上げた生徒の、その後について述べたい。3年になってからインタビューしてみたところ、「探究基礎」において、自分が当初興味を持った「匂い」に対して、細菌の培養という手法を用いてアプローチできたことが印象に残っているらしく、自分がしたいことのために、幅広い技法を習得しておくことの重要性を理解したとのことである。また、細菌が人間に有用なものから害をもたらすものまで様々なものを産生することにも興味をもったそうである。その結果、将来世界の貧困問題を解決したい、という自分の夢を、まだ未発見の細菌が産生する物質を用いて実現できるのではないか、というアイディアにたどり着き、そういった研究につながるような分野が学べる進路を選んだ。まさに、探究での学びや気づきを在り方生き方に活かすことができたのである。

オープンデータを活用して
地域の課題解決を目指す
―― 商業科目「ビジネス情報管理」の単元
　　「ビジネス情報システムの開発演習」――

三重県立宇治山田商業高等学校　藤本 英彦

　本校は三重県伊勢市に所在し、伊勢神宮まで5kmほどの位置にある独立商業高校である。大学科商業の中に商業科3クラス、情報処理科1クラス、国際科1クラスの5クラス規模で、全校生徒600名、教員数50名程度の高校である。情報処理科は経済産業省情報処理国家試験において、合格実績は全国でもトップクラスの実績を持っているが、学生は国家試験の合否にかかわらず、産業界が求める情報処理の知識を習得している。しかし、知識は習得しているものの、実践の機会がなく、仮想的なシステム構築の学習にとどまっていた。また、情報処理科の学科目標として、「情報処理の知識を基にビジネス社会で活躍する人材育成」を掲げているが、その目標を十分に達成する授業展開が出来ていないという問題意識を持っていた。そこで、3年前より、育成する力を経済産業省が掲げている「社会人基礎力」とし、習得した情報処理の知識を生かし、地域に貢献する取組への模索が始まった。同時期に総務省が、各自治体が保有するデータを公開するオープンデータの取組を開始したこともあり、オープンデータを活用した取組を行うこととなった。

　地元地域は、第1次産業（農業・水産業）が盛んであり、伊勢神宮を中心とした観光産業も主要産業となっている。しかし、第1次産業においては、担い手の高齢化、後継者不足などの問題を抱え、市としても人口減少や環境問題、東南海地震への危機管理など、地方都市として様々な課題が存在する。

1. 目標と対象生徒

　本校生徒の地元愛は強く、地元への就職を希望する生徒は多い。一方で地元に対するイメージはステレオタイプで、伊勢といえば「伊勢神宮」「赤福」「伊勢うどん」となり、地元の歴史や文化に関する知識は少なく、伊勢の良さを理解しているとは言え

ない状況である。

　そこで、地域研究により地元の歴史文化を理解するとともに、地域の強みと弱みを把握して、地元愛を育てるとともに、地域の社会問題を発見して、その解決の糸口を模索し、仮説を立てて解決のためのコンテンツを作成することを目標とした。また、高校生の力では解決できない問題に対しては、「産学官」での連携を図り、地元自治体である伊勢市や地元大学、地元企業に協力を求め、改善案を提案して問題解決を目指すこととした。

　対象となった生徒は、商業科目「ビジネス情報管理」3年生2単位の選択生徒（例年25名程度の人数で開講）である。下の実践は、2017年度から3年間同様の形で進めているものである。ここでは、2019年度の様子を中心に紹介しよう。

2. 1学期の指導 ―― 地域研究

地域研究

　ブレインストーミングを4〜5名で実施し、テーマ「伊勢」に関してイメージするもの、自分の地元として自慢できること、地元の祭りや伝統芸能、特色ある産業など、生徒たちが知っていることを自由に話し合い、最後にはグループ単位でも、全体に報告して情報共有を図った。また、生徒たちは日常として当たり前に受け止めていることで、他の地域から見ると特殊な文化であったりするものも存在することを挙げ、教員がアドバイスできる範囲であるが、「伊勢」らしい文化や歴史を教示した。

イメージマッピング

　ブレインストーミングで出た意見で、初めて知ったことや再認識したことなどをもとに、それぞれがイメージする「伊勢」に関して、地域の強みや弱みを明確にするため、イメージしたものをマッピングする形で図式化した。

　良いところは上半分に、悪いところは下半分に、上に行くほど良いところ、下に行くほど悪いところと、自分の伊勢に対するイメージを簡潔な文言で自由に書き出した。

　その後グループに分かれ、なぜそう考えるのか？そこにはどんな問題が存在するのか？などを発表し、話し合

図1　イメージのマッピング

い、まとめとしてグループ単位で「伊勢」のイメージのマッピングを作成した（図
1）。そして、ＫＪ法を利用して各文言をカテゴリ分けし、各カテゴリにネーミングし
て、班としての社会問題の洗い出しを行った。

班分けと仮説の立案

　伊勢市が抱える社会問題のカテゴリ分けができたところで、それぞれが興味関心を
持ったテーマに集まり、3〜5名で班編成を行い、班長を決定し、解決へ向けた仮説
の立案を行った。

　仮説を立てるにあたっては、伊勢市が公開しているオープンデータ等を活用して、
統計データや調査結果を分析し、問題点とその原因を明らかにするとともに、その問
題点の解決策を検討した。

　定期的に各班と個別にミーティングを持ち、分析状況や問題点として考えている内
容や原因を報告させ、仮説を立てる上でのアドバイスを与えた。例えば、「田舎で退
屈」というネガティブな意見には、「都会暮らしの人たちにとっては自然が沢山あり、
のどかで癒される場所」と視点をポジティブに変えてみることや、海外の人たちにも
「伊勢の良さをアピールしたい」という意見には、「ターゲットをどのような人たちに
するのか？」「伊勢のどのような点をアピールするのか？」「インバウンドが注目され
ている」など、「抽象的」な考え方を、視点を広げて様々な角度から、「具体的」に思
考できるように気を配った。

　また、失敗も重要な体験であると考え、生徒たちの考えや仮説を否定することはし
ないように心掛けた。その結果、「人口減少」を問題として、その原因を「働き口の
少なさ」と捉え、商工会議所の会員となっている企業に、求人情報を提供してもらう
と考えた班がある。商工会議所へ訪問して依頼を行ったが、良い返事が貰えず頓挫
することとなる。最終的にこの班は、地場産業である第1次産業に目を向け、農業や
漁業をアピールすることで、農業や漁業の従事者を増やしたいと考え、紹介のＷｅｂ
ページの作成を行った。

3．2学期の指導 ── コンテンツの作成から成果発表会へ

コンテンツの作成

　授業開始時5分間は、班長を中心にミーティングを行い、その時間に誰が何を行う
のか、どこまでできる予定かなどを話し合う時間を設け、それぞれの作業に入る。そ

の日の作業内容は、作業日誌として具体的な作業内容を記述するとともに、どこまでできて、次時にはどこから始めるのかを記載する（図2）。また、作業中に完成した成果物については、ポートフォリオとして作業日誌にファイリングさせた。

図2　作業日誌

学習成果発表会プレゼン作成

　1年目に伊勢市長が本校の取組を知ったことから、ぜひ高校生の取組を見たいと言っていただき、激励や、学習の成果を聞きにご来校いただいたりしている。プレゼンテーションでは、考えた地域の課題、取組を行うきっかけ、取り組んだ成果、コンテンツの紹介、想定される効果、伊勢市への提案など、プレゼン資料を作成し、リハーサルを行い、自らの言葉で市長に訴えかけられる発表とした。

学習成果発表会

　市長の前で発表を行い、市長からそれぞれの取組に対して講評をいただいている。また、各課の課長も出席しており、開発したアプリや提案のいくつかは正式に採用されている。

4. 評価手法

　西岡先生が提唱しておられる「逆向き設計」を参考にしつつ、評価の方法を決定した。この取組を通して育てたい力を社会人基礎力（Action・Thinking・Communication）の育成とし、大目標として教員側が提示したものは、「情報処理の知識を活用し、市民や観光で訪れる観光客の役に立つコンテンツを作成し、地域に貢献する」である。各班では地域の課題としてカテゴリ分けし、その中の一つのカテゴリに対して解決策の仮説を立ててコンテンツ作成を行うが、中目標はこの「取組を行っているカテゴリ」となる。小目標は、毎時間チーム内で役割分担し、この時間内にこれをどこまで完成させるかをミーティングによって決定するが、これが小目標となる。毎時間の小目標を達成することで、中目標であるカテゴリのコンテンツの完成

につながり、コンテンツの完成によって、大目標を達成することが出来るというものである。この過程において、チーム内での共同作業を通して社会人基礎力が育成されると考えた。

自己評価チェックリスト（ポートフォリオによる評価）

　学期ごとに、自身が身に付けることが出来たと考える項目にチェックを付け、その根拠として示す資料番号を記入し、その資料にも資料番号を付けてチェックリストと同時に提出（表1）。教員は根拠となる資料からチェックが付けられた力がついたという項目の可否を判断し、評価とする。

表1　自己評価チェックリスト

情報管理　自己評価チェックリスト

到達目標	Action			Thinking			GroupWork				
	一歩前に踏み出し、失敗を恐れず粘り強く取り組む力			疑問を持ち、考え抜く力			多様な人々とともに、目標に向けて協力する力				
	主体性	働きかけ力	実行力	課題発見力	計画力	創造力	発信力	傾聴力	柔軟性	状況把握力	規律性
	物事に進んで取り組む力	他人に働きかけ巻き込む力	目的を設定し確実に行動する力	現状を分析し目的や課題を明らかにする力	課題の解決に向けたプロセスを明らかにし準備する力	新しい価値を生み出す力	自分の意見を分かりやすく伝える力	相手の意見を丁寧に聴く力	意見の違いや立場の違いを理解する力	自分と周囲の人々や物事との関係性を理解する力	社会のルールや人との約束を守る力
確認指標	□A1 常に授業に積極的に参加することができた。 資料NO:	□B1 自らの意見を他人に聞かせ、納得させることができた。 資料NO:	□C1 目的を持ち、行動に移すことができた。 資料NO:	□D1 物事を多角的に見ることができた。 資料NO:	□E1 解決に向けた道筋を立てることができた。 資料NO:	□F1 収集した情報から、新しい観点を見出すことができた。 資料NO:	□G1 プレゼン資料などを、構成などを工夫した。 資料NO:	□H1 発表者の意見を理解しようと努力しながら聞くことができた。 資料NO:	□I1 感情的にならず、互いの意見を戦わせ、相互理解を得た。 資料NO:	□J1 周囲の状況を観察し、困っている人を助けることができた。 資料NO:	□K1 著作権や肖像権を守り、正しく情報を扱った。 資料NO:
	□A2 自らの意見やアイデアを出すことができた。 資料NO:	□B2 人が便乗してくる意見を出すことができた。 資料NO:	□C2 計画的に物事を進め、着実に物事を出すことができた。 資料NO:	□D2 当たり前だと思わず、疑問をぶつけることができた。 資料NO:	□E2 計画を締切りから逆算して立てることができた。 資料NO:	□F2 現状にある不満を解決する方法を考えた。 資料NO:	□G2 意見に対する根拠を示すための資料を、収集することができた。 資料NO:	□H2 疑問に思ったことは、質問をして解決することができた。 資料NO:	□I2 相手の立場を理解し、妥協して良い点は素直に妥協することができた。 資料NO:	□J2 「ほうれんそう」を意識し、メンバーの同意を得て物事を進めることができた。 資料NO:	□K2 締切りを守り、期日までに作業を終了させることができた。 資料NO:
	□A3 周囲に流されず、自らの仕事を着実に行うことができた。 資料NO:	□B3 意見に反対する人を説得し、協力を得ることができた 資料NO:	□C3 予定外ので事に臨機応変に、対応することができた。 資料NO:	□D3 疑問に思ったことは、その理由をとことん考えることができた。 資料NO:		□F3 人から賛同してもらえるアイデアを出すことができた 資料NO:	□G3 自らの言葉で、反応を見ながら伝えることができた 資料NO:	□H3 偏った先入観を持たず、素直に発表を聞くことができた。 資料NO:		□J3 人に迷惑をかける言動は慎んだ。 資料NO:	□K3 自らには無理なことは、素直に人に助けを求めた。 資料NO:
	□A4 課題解決を楽しみながら行うことができた。 資料NO:		□C4 計画通り進まなかったことでも、粘り強く取り組んだ。 資料NO:	□D4 常に情報を収集する習慣を身につけることができた。 資料NO:			□G4 自信をもって、大きな声で自らの意見を述べることができた。 資料NO:			□J4 頼まれた仕事は、いやな顔をせず引き受けた。 資料NO:	
	□A5 自らの取り組みを業務日誌に正しく書くことができた。 資料NO:			□D5 現状における問題点を見つけることができた。 資料NO:							

確認指標に到達した際には、□を塗りつぶして■にし、その根拠となる資料にNOを入れて、「資料NO」欄にその番号を記入

作業日誌（作業日誌ルーブリックにより評価）

　毎時間、その日に行った作業内容を詳細に記載。時間内に完成した成果物は日誌にファイリングし、チームへの貢献として行った作業、次の時間の作業予定も記載した。

プレゼンテーション（プレゼンルーブリックによる評価）

　発表の際にルーブリックをもとに相互評価を実施した（表2）。

表2　プレゼンのルーブリック（一部）

評価基準	4	3	2	1	評価
発表態度	原稿を見ることなく、自身の言葉で話しており、聴衆の全体を見渡しながら、聴衆の反応を確かめながら説明を行っている。	原稿を確認しながら進めているが、原稿に頼るのではなく、自身の言葉で説明を行っており、聴衆の反応を確認しながら進めている。	原稿を見ずに説明を行っているが、原稿を丸暗記であることが推測され、また聴衆の全体を見渡しているが、反応を確かめることなく、計画通り進めている。	原稿を読み上げる形での説明となっており、聴衆を意識した発表となっていない。	
発　声	聞き取りやすい声の大きさ（マイクの使い方）で、声の強弱や間の取り方も上手く、身振りや手ぶりによるボディーランゲージもあり、聞き入ってしまうほどである。	聞き取りやすい声の大きさ（マイクの使い方）で、声の強弱や間の取り方も上手く、話していることがすべて聞き取ることができた。	聞き取りやすい声の大きさ（マイクの使い方）で、声のテンポや強弱などは一定であるが、話していることがすべて聞き取ることができた。	聞き取りにくい（声が小さい・早口・語尾が不鮮明）。また声のテンポや強弱に変化がない。	
プレゼン画面（資料）	自身の発表を裏付ける資料が収集されており、また資料を説得力のある使い方を行っており、発表と資料の相乗効果が見受けられる。	自身の発表を裏付ける資料が収集されているが、資料を説得力のある効果的な使い方が出来ていないため、発表と資料の相乗効果が見受けられない。	収集した資料をただ単に張り付けているだけであり、説得力に欠ける。	資料をほとんど使うことなく、発表原稿をそのまま画面にしたようで、文字ばかりで、読む気にもならない。	

5. 生徒の成果物

　過去3年間の作品の中から、いくつかを紹介する。

2017年度

・5374アプリ（ごみの回収日を表示）

　Code for Kanazawa（CfK）が開発したフリーソフトを伊勢市バージョンとして設定。次年度以降も利用可能にするため、設定マニュアルも作成し、現在では伊勢市清掃課に正式採用され、マニュアルをもとに伊勢市職員がデータを作成し、本校でサーバにアップして利用していただいている。

・伊勢ｂｕｓ巡りをしましょう（高校生がバスを使った観光コースを提案）

生徒たちが提案する観光コースをマッピングし、利用するバス停などの情報を掲載。

また、伊勢市長に市内巡回バスの提案を行い、翌年より実証実験が行われることとなった。

2018年度

・５３７４クイズアプリ（ごみの分別に関するクイズアプリ）

前年度の５３７４アプリをヒントに、小学生対象のごみ分別クイズアプリを開発。伊勢市清掃課イメージキャラクターの「カモシカバスターズ」がクイズに正解すると、「ごみモンスター」を倒す、ゲームアプリで遊びながらごみの分別を学ぶことができる。伊勢市清掃課で正式に採用され、イベントなどで紹介されている。

・高校生が考えた観光モデルプラン（Webページ）

伊勢・鳥羽・志摩の３地域の観光コースとして生徒たちがおすすめするコースを所要時間とともに紹介。

特筆すべき内容としては、数多くの観光地やお店が紹介されているが、休みの日等を利用して現地に赴き、お店の了解を得て、写真を撮影し、写真と紹介文で分かりやすく紹介している点である。

2019年度

・防災クイズ「花さかいせりい」（防災に関するクイズアプリ）

東南海地震が想定されており、地震や津波に対する防災意識を持つ必要性があるが、防災に対する認識は小さい。ゲーム感覚で楽しく防災に対する知識を、親子で身に付けてもらうためのアプリを開発。

作成したクイズは、伊勢市危機管理課防災アドバイザーの方に相談し、誤りの訂正や表現の仕方などを学んだ。

また、Googleシートを活用しており、問題の訂正や追加も簡単に行えるように工夫されている。

・外国人向け伊勢神宮参拝方法解説（インバウンド用Webページ）

伊勢神宮には、外国の方々も数多くお参りに訪れる。伊勢神宮は、日本人の心の故郷であり、神聖な場所である。また、同時に海外の方々には、日本の心や風習、文化に触れることができる場所でもある。参拝のしきたりやその理由を英語で紹介し、海外の方々に正しい参拝方法を知ってもらうためのWebページを作成。

6. 実践を振り返って

3年目を迎え、地域との連携に関して広がりを見せている。伊勢市情報戦略課、清掃課、危機管理課、観光誘客課など各課、地元大学である皇學館大学現代日本社会学部、UDC三重実行委員会（アーバンデータチャレンジ）、名古屋工学院専門学校に協力いただいている。

広がりを見せると同時にマスコミ等の取材も受け、生徒たちは注目を集めたことで、外部から受ける評価に対して、生徒たちはやりがいを持ち、人の役に立ちたいと高いモチベーションで、積極的に取り組む姿勢が見受けられた。また、班ごとのチームワークであることから、自然とコミュニケーションの重要性や考える力、失敗を恐れず行動する力を身につけ、授業目標である経済産業省が示す「社会人基礎力」が自然と身についており、本人たちにもそれを自覚し、自信を持った様子がうかがえた。

一方で、学校ではどうしても取組が授業中心となるということもあり、校外へ出かけてそれぞれの担当者の方々と直接お会いしてお話をする機会を持つことは難しく、無理を言って授業時間内に学校へお越しいただいて生徒たちと協議していただくという方法をとってきた。しかし、回数が限られたり、授業時間内ということもあり、十分な協議する時間が取れなかったりした。そのため、地域の課題を検討するのは校内で行うことが多くなり、実際に現場を見に行ったりすることもできておらず、地域の課題を深く掘り下げて解決策を探求するところまで踏み込めていないように感じている。

2020年度以降は、単位数を連続時間にまとめて、まとまった時間を確保し、校外に積極的に出かけ、直接話を聞き、現場を見て解決策を探求する取組としていきたいと考えている。そうすることで、地域との連携も強くなり、より成果を上げることができ、地域への貢献も大きくなる。そして、生徒たちは達成感や自信をより強く感じ、地元愛が強まり、将来地元で活躍する人材となってくれるのではないかと考えている。

地域課題解決に取り組む
看護従事者を育てる
── テーマ「病院から在宅へ──看取りを地域社会において」──

兵庫県立尼崎小田高等学校　福田　秀志

　2年次の学校設定科目「看護医療基礎」と「総合的な学習の時間」（「探究応用」）で地域課題を「地域」と共に考え解決していく取り組みを行っている。そこでは、3つの班（「災害時要援護者の支援（減災班）」「在宅療養・看取り（看取り班）」「商店街の活性化と子どもの居場所づくり（子ども班）」）に分かれて活動をしている。3つのテーマについての基礎的な知識は全員が学校設定科目の「看護医療基礎」（2単位）の授業において学び、地域社会の課題解決のためのプロジェクトの計画・実行については、「総合的な学習の時間」（「探究応用」）（2単位）で行っている。ここでは、看取り班（テーマ「病院から在宅へ ── 看取りを地域社会において」）の取り組みを紹介したい。

1.　目標とカリキュラム

　テーマ「病院から在宅へ ── 看取りを地域社会において」では、高校生が「尼崎市介護・医療連携協議会」の医療・福祉職から「高齢社会の現状」「病院から在宅への流れ」「地域包括ケアシステムについて」「多職種連携の大切さ」を学ぶことを通して、医療と介護を要する状態になっても「住み慣れた地域・自宅で、最期まで自分らしい生活を送ることができるということ」を地域住民に伝えることを目指した。その伝える方法として、「劇」を上演し、「もしばなゲーム」[1]を地域住民と一緒に行うことにした。

　本実践の目標は次の通りである。

ア：自分と地域社会との関わりについて関心を持ち、課題解決について考え、行動する。

イ：「高齢社会の現状」「病院から在宅への流れ」「地域包括ケアシステムについて」「多職
　　種連携の大切さ」などを理解する。「在宅療養」の大切さ・役割を認識する。

ウ：「在宅療養」への流れを多面的・多角的に読み解き、現状の課題に気づくことができる。

エ：自分の役割、他者への配慮・関心・他者との協働の力をつける。（グループワーク、劇
　　のシナリオ作成、劇の上演など）

オ：自己の理解・感情のコントロール、学習意欲の向上、自己肯定感などの力をつける。

カ：友人の指摘、振り返りから次に向けての改善点を見つけ出す。

　また、カリキュラムの概略は次の通りである。

〈看護医療基礎〉（22時間）介護・医療連携協議会からの講義・グループワーク

　在宅療養に関わる在宅医師、訪問看護師、歯科医師、歯科衛生士　ケアマネージャー、
理学療法士、作業療法士、薬剤師、管理栄養士などの多職種が在宅療養でどういう役割
を担っているのかについて、講義と事例によって学び、基礎的な知識を学ぶ。最後の授
業では在宅療養の現場を見学した。【看取り班だけではなく、全員が講義を受ける】

〈総合的な学習の時間〉（15時間）生徒同士の協力・協働による活動

　ア：1年間の学びをパワーポイントにまとめて、地域住民に伝える。

　イ：「医療と介護を要する状態になっても『住み慣れた地域・自宅で、最期まで自分
　　　らしい生活を送ることができるということ」を劇の台本を考え、地域住民に伝
　　　える。（シナリオ作成のための議論、劇の準備・練習）【看取り班は10名】

2．講義・グループワークと現場訪問

　まず、生徒は毎時間の講義で配付される資料や冊子を読み解き、レジュメなどに気
づいたこと、考えたことを記載し、約500字程度の「意見表明」をメールで教師に送信している。教師は全員分をまとめ、次の時間に名前を記載した上で、全体にシェアし、他者の意見から新たな気づきにつながるように促している。また、毎回とはいかないが、次の学びにつながるようにコメントを入

れ、全体に読み上げている。本実践の「目標」に照らして、生徒の「意見表明」から生徒の成長（取り組み目標の達成）をみていきたい。

Aさん：在宅療養には本人の意思の尊重を前提に一人一人違ったプランが必要であるということがわかった。周囲がどれだけサポートできるのか、医療機関とどれだけ連携できるのかが在宅療養において一番大切なポイントだと思った。

Bさん：グループワーク（4人で7つの班＝28人）の結果、地域全体で高齢化に対応していくことが必要だという結論が出た。看護師である母に授業の話をした。母は「地域住民同士の繋がりが希薄化している。繋がりを取り戻したい。……地域包括ケアシステムを普及させ、自宅で最期を迎えるには家族の協力、医療ケアの充実、介護スタッフの充実などが必要である」と言っていた。

Cさん：グループワークでは自分の固定概念を打ち壊すようなものだった。トイレに間に合わないのならばおむつをつけなければならないと思っていた。……一人でできなくても周りのサポートがあればできる、おむつを一生つけなくてよい術があることを学んだ。

Dさん：グループワークでは糖尿病、不整脈の診断を受けているが、生活習慣を改めない父親への対応を話し合った。家族のサポートが不可欠との意見が多く出てきた。完璧に治癒することは難しくても、症状を緩やかにし、病気とうまく付き合うことはできる。これが在宅療養なのだと理解できた。

Eさん：全9回の講義で多職種による幅広い連携、地域のつながり、周囲の人のサポート、患者のことを考えて、自分にできることを探し、行動する意思など医療において大切なことを学んだ。講義の度に「自分がこの立場になったらどうするか。何ができるのか」というワークショップがあり、自分の考えをまとめて仲間に伝えることや、他人の意見をまとめることはとても難しかった。意見が出なかったり、逆に意見が多すぎてまとめることに困ったこともあった。全班の意見を聞くことで「こんな意見もあるんだ。そんな考え方もあったのか」と毎回感動を覚えた。狭かった自分の考え方を拡げることができ、新たな世界・価値観を知ることができ有意義であった。

Hさん：近況や最近の楽しかったことを聞きながら、言葉のキャッチボールを何度も何度も繰り返して関係性を作っていく姿を見た。……家族も在宅で介護をしているので疲れも溜まっているようだったが、看護師の声かけで疲れが和らいでいるように感じた。

Ｉさん：「怒らず、せかさず、押しつけず、穏やかな笑顔で」限られた時間の中で話を
　　　　していたのが印象的だった。植物の手入れの行き届き具合をみて、体の不自由
　　　　さや認知症の進行度を確認したり、歩行器の有無で利用者が家にいるのかどう
　　　　かを確認している姿を見て、些細な日常の風景から生活を見ているのかと驚き、
　　　　プロの凄さを感じた。
Ｊさん：訪問看護は治療より生活が優先だ。病院とは違い強制することができないの
　　　　で、患者の生活に合わせながらどうやって治療をしていくのか、奥が深いと
　　　　思った。

3.「探究報告会」と「在宅療養ワークショップ」に向けた準備

　続いて、生徒たちは、「介護・医療連携協議会」の講義と在宅療養の現場訪問で学
んだことをもとに「パワーポイントで報告するためのスライド」を作成、その次に
「劇の台本」を作成した。10名の班員の中で2名が原案を作成し、その後、8名の意
見を聞き、修正・追加を加え、2019年度末にようやく「パワーポイントによるスラ
イド」と「劇の台本」ができあがった。年末であったため、冬期休業中に原案作成者
と私はメールでやりとりを行った。

生徒：「先生、できあがったので、社会科教室のパソコンのデスクトップに貼り付けて
　　　いるので、確認し、助言をしてほしいねん。」
私：「よくできていると思うよ。せっかく、在宅療養の現場を訪問し、在宅療養におけ
　　る医療・福祉提供者のプロの技のすばらしさを見学したのだから、そのあたりを
　　もっといれればどうかな。多職種連携についてもう少し入れてくれない。一方、在
　　宅療養のデメリット・今後解決していかなければならないことをもう少し入れても
　　らえないかな。」

　この後、生徒は追加をお願いした部分を完成させ、送信してきた。「介護・医療連
携協議会」に台本を送信し、事実関係に誤りがないかを確認してもらい、ＧＯサイン
が出たのは1月7日であった。
　さらに、生徒同士で協働しつつ、「探究報告会」（1月25日）[(2)]と「在宅療養ワーク
ショップ」（2月8日）[(3)]に向けて、劇の練習を重ねていった。まず、教師からは、2
名の企画・運営者を決め、その2名が中心となり、配役を決めておくこと、練習計画

を立てて、全員に周知すること、衣装を確認しておくことなど冬期休業中に伝えた。新学期に入っても練習はなかなか進まない。3つの班が同時並行的に2、3の教室で別々に練習をしている上、出張で抜ける日も多く、最後の1週間は責任者にその日の練習状況を夜にメールで連絡してもらい、返信するという作業を繰り返した。

【1月14日】

生徒：「どのシーンでどの道具がいるのかを決めて、そのシーンを想像して感情を入れて読み合わせをしました。みんなでこうした方が良いなどのアドバイスを行い、細かい修正も行いました。セリフは今覚えている所です。」

私：「昨年の劇[4]の経験を活かして、成功に導いて欲しいです。期待しています。」

【1月22日】

生徒：「通し練習をして、だれがどこに登場して、どうはけるのかを確認しました。みんなの演技も前よりは良くなっています。みんなでもっと良いものを作れるようにできたらと思います。」

私：「あと2日を残すだけになりました。最善の努力をお願いします。」

4．「探究報告会」と「在宅療養ワークショップ」の実施

　次に示すのは、生徒が作成した劇の台本の一部である。在宅療養の現場を訪問し、訪問看護師の姿に接し、台本を考えた跡が見える。一方、文献や新聞を読み、在宅療養の課題についても触れている。

おばあちゃん：「痛みが続くので、少し眠りが浅いんですわ」

訪問在宅医：「鎮痛剤、少し多めにしないとだめですね。痛みがでたときのために、ご自身やご家族でも疼痛コントロールができるようにしますね。」

訪問在宅医：「おじいさん、初めてのことで不安でしょ。でも、大丈夫ですよ、これが鎮痛剤の管なので、痛みがでたときにこのボタンを押すだけです。わかりましたか。」

おじいちゃん：「不安やけど、説明を聞いて、理解できたような気がするわ」

訪問在宅医：「難しい処置や負担の大きい処置は、看護師が行いますからね。おじいさん、これらの処置をすることが不安な場合は遠慮なくいってくださいね。」……

ナレーター：「医療処置がおばあさんとおじいさんの『普通の生活』の一部と感じられ

るまで、すなわち医療処置が生活の中に『日常化』するように訪問看護師はおじいさんの支援を続けました。訪問看護師のおかげで、おじいさんが介護に自信がもてるようになりました。訪問看護師がおばあさんや家族の価値観を大事にしていることや、親戚や友人などの状況についても十分に理解して、その望みを知り、その実現のための方策を計画しているからこそ、このような「日常化」を実現することができるのです。

ナレーター：患者さんが経済的負担や家族の介護の負担に配慮することなく、自己の人生観に従い、自由意志に基づいて決定できるためには終末期における医療・介護・福祉の体制が十分に整備されていることが必要で、かつ患者の意思決定をサポートする体制が不可欠であることです。それらが整備されないと、お金がないから、家族に迷惑をかけたくないからと、本人の意思を本当に尊重することにならないからです。

また、劇の台本を作成したMさんは、次のように「学び」を振り返っている。

　在宅療養の授業を受ける中で、看取りに関する「意思決定」や「医療サービスの質の低下」などに関心を持った。そのことを地域社会に向けて発信していきたいと思った。そのために、私が看取りや、高齢社会を取り巻く現状について知らなければならない。知ったことを伝えるために自ら主体となり、劇の台本の作成に取り組んだ。台本作成と劇で演じてみて考えたことは以下の通りだ。

　少子高齢化社会の中で、「病院」から「在宅」への移行、「地域包括システム」の構築、そのための医療・福祉職の「多職種連携」の必要性も理解できた。しかし、在宅療養の課題はたくさんある。医療・福祉職の人手不足でサービスの質の低下は避けられないと思う。また、在宅療養を受ける側でも、サービスが限られていること、多くの費用がかかること、そのために家族への負担が大きくなるため、在宅療養を選択しにくいという現状が重くのしかかるのではないだろうか。その課題の解決が今の私には見えてこない。3年次の「看護医療総合」の授業で考える機会をつくってほしいと思う。

　地域住民に在宅療養の現状と可能性と課題を伝えるためにこの1年間、在宅療養の講義を受けてきた。特に印象に残っているのは、医療や福祉について無関心な人がいるのは知っていたが、その人々に関心を持ってもらうにはどうすればよいのかという事を考えたことだ。歯科の検診や治療は途中でやめてしまう人が多い。そのため、歯の疾患は将来病気になるリスクが高いことを知ってもらい、検診や治療を疎かにしないように啓発するにはどうすれば良いのかということだ。この課題についてもグループで話合うこ

とができた。

　1年間のグループワークで様々な他者の意見を聞き、今まで自分の中だけで終わらせていた問題意識も、視野を広げて見ていくことができた。そのことにより、自分の意見や考えだけではなく、他者の意見も取り入れることにより、新たな意見や考えが生まれ、成長につながっていっていることを感じることができた。

　劇のシナリオ作成では、一人で焦って悩んでしまう時もあったが、周りの少しの声かけで、心が軽くなり、悩みを共有することにより、不安が軽減されることを知った。多くの仲間などがいたからこそ成し遂げることができたと実感することができた。

　この取り組みを通して自分の意見を分かりやすく人に伝えたり、本音を言ったりすることが苦手なのだと分かった。また、自分に自信を持ったり、自分自身を大切にすることにより、周りに様々な影響を与えることができることや、それとは逆に自信を失くしたり、自暴自棄になったりすることで迷惑をかけたり悪影響を与えるということも学んだ。そのため途中からは何事もポジティブに捉え、切り替えやメリハリを大切にするように心がけた。その結果、他者と協働し、様々な活動をすることができた。

　「探究報告会」のリハーサルでは、少し横を向く時などに声が小さくなることや、セリフを完璧に言えていないことの指摘を友人から受けた。そこで、より声を張り、一人で何度もセリフを言ったりと自主練習を徹底した。

　この1年間、様々なことを学んできたが、1番実感したのは他者との協働や、リーダーとその周りの人の大切さ、また、自分の役割を全うすることの大切さだ。

　今後、グループで物事を行う際に、うまくいかずに悩んだときに、見て見ぬふりをして何も言わないことや一人で終わらせる方が良い時もあるかもしれないが、仲間を信用し、問題を共有化し、仲間と共に行動することが、今後医療職を目指し、多職種と連携を取るにあたって必要な事ではないのかと考えることができた。このように、この1年間の活動が将来に繋がっていることを学んできたが、これからもより一層学びを深め、看護医療類型で学んだことを今後の糧とし、進路実現を目指していきたい。

5．最後に

　台本を作成したMさんのレポートを紹介したが、この1年間の学びによって、「人としての成長」をみてとれると思う。「はじめに」で述べたように、28名が3テーマに分かれ、地域課題に取り組んできた。3テーマは地域の重要な課題であるが、取り上げるテーマはなんでもいいのである。地域課題を発見し向き合うなかで、仲間と協働しながら地域課題を解決したい、卒業後にも関わりたいと思う生徒を育てること、自分を知り、仲間を知り、仲間との協働の取り組みの中で成就感を味わい、人として

成長することが目的である。ここでは紹介できないが、この1年間の取り組みを終えて28名全員にレポートを提出してもらった。1ページが50×50で2500字、それが31ページにもなった。1人2500字以上のレポートである。彼女たちの成長の跡がびっしりとつまっている。最後に、その一人のレポートから一部を紹介しよう。

私は正直、自分自身がとても嫌でした。周りと違うことが多いからです。服装や物の捉え方、自分の好きなもの、周りから「変わっているね」と言われる度に自分が嫌になりました。しかし、この1年間、たくさんの方のお話を聴き、仲間と協働する中で「一緒でなくていいのだ」と気づくことができました。「変わってるね」と言われても「変わっていない人ってどんな人」と思うほどになりました。周りと違っていても気にしなくなりました。「もっといろんな世界を知りたい。どんな人がいるのか、その人は物事に対してどんな捉え方をするのだろう」と興味を持つようになりました。この1年を通して自分らしく生きることをマイナスとして捉えなくなりました。「生き方」というとても大きなことを学ぶことができました。

〈注〉

(1) 亀田総合病院（千葉県）で緩和ケアや地域・在宅医療に取り組む医師らが立ち上げた一般社団法人「iACP（アイ・エーシーピー）」が開発したカードゲーム。このゲームは重病の時や死の間際に「大事なこと」として人が口にするような言葉が記してあるカードを使い、余命半年の想定で大事にしたい言葉を選ぶ。自分自身の価値観を考え、一緒にプレイする人と語り合うもの。

(2) 看護医療・健康類型の1年間の取り組みの報告会。保護者や地域住民、中学生や関係機関に案内を出している。「看取り班」だけの報告ではなく、「減災班」・「子ども班」、健康類系も報告。

(3) 地域住民に対して、在宅療養のことについて考えてもらうためのイベント。尼崎市の「介護・医療連携協議会」と協賛で本校で実施した。

(4) 2019年10月5日、第13回尼崎市民医療フォーラム（尼崎市医師会主催）に「しあわせのカタチは十人十色 仕事と介護の両立 かかりつけ医って正義の味方」という演題で30分の劇を行った。この劇に今回の劇に出演する生徒の4、5名が参加した。

執筆者一覧

はじめに　　　西岡加名恵

第1部

❶ 西岡加名恵

❷ 大貫　　守［愛知県立大学教育福祉学部准教授］

❸ 鎌田　祥輝［京都大学大学院教育学研究科博士後期課程］

第2部

1・国語（1）　　渡邉　久暢［福井県立若狭高等学校教諭］

1・国語（2）　　河田　良子［大阪府立生野高等学校教諭］

1・国語（3）　　小笠原成章［広島県立広島高等学校教諭］

1・国語（4）　　三谷　弘子［広島県立庄原格致高等学校指導教諭］

2・地歴（1）　　松岡　真徳［広島県立福山誠之館高等学校教諭］

2・地歴（2）　　折手　昭一［広島県立広島叡智学園中学校・広島叡智学園高等学校教諭］

2・地歴（3）　　村井　昂介［京都市立塔南高等学校教諭］

3・数学（1）　　中木　俊宏［広島県立三次高等学校教諭］

3・数学（2）　　金子　洋平［広島県立広島高等学校教諭］

4・理科（1）　　福本　洋二［広島県立呉三津田高等学校教頭］

4・理科（2）　　池　　恩燮［大分県立大分舞鶴高等学校教諭］

4・理科（3）　　和泉　裕志［広島県立広島高等学校教諭］

5・美術　　　　望月　未希［東京都立王子総合高等学校教諭］

6・英語（1）　　中本　大輔［広島県立広島高等学校教諭］

6・英語（2）　　山﨑　愛子［広島県教育委員事務局学びの変革推進部高校教育指導課指導主事］

7・情報　　　　鈴木　雅子［愛知県立守山高等学校教諭］、

　　　　　　　　板橋　一志［愛知県立豊明高等学校教諭］、

　　　　　　　　富安　伸之［愛知県総合教育センター研究部経営研究室研究指導主事］

8・専門学科（1工業）　河合　英光［岐阜県立可児工業高等学校教諭］

8・専門学科（2看護）　藤原　恭子［岡山県立倉敷中央高等学校指導教諭］

9・探究（1）　　塚田　章裕［金沢大学人間社会学域学校教育学類附属高等学校主幹教諭］

9・探究（2）　　飯澤　　功［京都市立堀川高等学校教頭］

9・探究（3）　　藤本　英彦［三重県立宇治山田商業高等学校教諭］

9・探究（4）　　福田　秀志［兵庫県立尼崎小田高等学校教諭］

※所属等は2020年10月時点

編著者紹介

西岡 加名恵 _{（にしおか　かなえ）}

京都大学大学院教育学研究科教授

　1995年、京都大学大学院教育学研究科修士課程修了。1998年、イギリス・バーミンガム大学にてPh.D.（Ed.）を取得。鳴門教育大学講師等を経て、2017年より現職。

　専門は教育方法学（カリキュラム論、教育評価論）。京都大学大学院教育学研究科教育実践コラボレーション・センターE.FORUM（https://e-forum.educ.kyoto-u.ac.jp/）にて、教員研修を提供している。日本教育方法学会常任理事、日本カリキュラム学会理事、教育目標・評価学会理事。文部科学省「育成すべき資質・能力を踏まえた教育目標・内容と評価の在り方に関する検討会」委員（2012年〜2014年）、高等学校における「多様な学習成果の評価手法に関する調査研究」評価・推進委員会委員（2013年〜2016年）、「スーパーサイエンスハイスクール（SSH）支援事業の今後の方向性等に関する有識者会議」委員（2020年〜）なども務める。

　主な著書に、『教科と総合に活かすポートフォリオ評価法』『教科と総合学習のカリキュラム設計』（単著、図書文化）、『「資質・能力」を育てるパフォーマンス評価』（編著、明治図書）、『教科の「深い学び」を実現するパフォーマンス評価』『「逆向き設計」実践ガイドブック』（共編著、日本標準）、『パフォーマンス評価で生徒の「資質・能力」を育てる』（共編著、学事出版）などがある。

高等学校　教科と探究の新しい学習評価
― 観点別評価とパフォーマンス評価実践事例集 ―

2020年11月11日　初版第1刷発行
2023年 5 月21日　初版第5刷発行

編　著　者 ── 西岡 加名恵
発　行　人 ── 安部 英行
発　行　所 ── 学事出版株式会社
　　　　　　　〒101-0051　東京都千代田区神田神保町1-2-5
　　　　　　　☎03-3518-9655
　　　　　　　HPアドレス　https://www.gakuji.co.jp

● 編 集 担 当 ── 二井　豪
● デ ザ イ ン ── 細川 理恵
● 編 集 協 力 ── 上田　宙（烏有書林）
● 印 刷 ・ 製 本 ── 電算印刷株式会社